AS CATACUMBAS DE ROMA

AS CATACUMBAS DE ROMA

O Testemunho e o Martírio dos
Primeiros Cristãos

BENJAMIN SCOTT

60ª impressão

Rio de Janeiro
2025

Todos os direitos reservados. Copyright © 1957 para a língua portuguesa da Casa Publicadora das Assembleias de Deus. Aprovado pelo Conselho de Doutrina.

É proibida a duplicação ou reprodução deste volume, no todo ou em parte, sob quaisquer formas ou meios (eletrônico, mecânico, gravação, fotocópia, distribuição na web e outros), sem permissão expressa da Editora.

É proibida a duplicação ou reprodução deste volume, no todo ou em parte, sob quaisquer formas ou meios (eletrônico, mecânico, gravação, fotocópia, distribuição na web e outros), sem permissão expressa da Editora.
Revisão: Verônica Araujo
Capa: Fábio Longo
Projeto Gráfico e editoração: Oseas Maciel, Leonardo Engel e Fagner Machado

CDD: 270 – História do cristianismo
ISBN: 978-85-263-1595-2

As citações bíblicas foram extraídas da versão Almeida Revista e Corrigida, edição de 2009, da Sociedade Bíblica do Brasil, salvo indicação em contrário.

Para maiores informações sobre livros, revistas, periódicos e os últimos lançamentos da CPAD, visite nosso site: https://www.cpad.com.br.

SAC — Serviço de Atendimento ao Cliente: 0800-021-7373

Casa Publicadora das Assembleias de Deus
Av. Brasil, 34.401, Bangu, Rio de Janeiro – RJ
CEP 21.852-002

1ª edição
60ª impressão: 2025 (Nova Ortografia)
Impresso no Brasil
Tiragem: 1.000

APRESENTAÇÃO

Há muitas maneiras de demonstrar a paganização do catolicismo romano: pela própria história de seus dogmas, pela Palavra de Deus, pela evolução do culto pagão, pelos escritos dos chamados pais da Igreja, e pelo exame das catacumbas romanas. Sem desmerecer os demais argumentos, Benjamin Scott lança mão dos mais seguros registros históricos, acerca-se de autoridades tão renomadas no assunto como ele próprio, e mostra, pelas inscrições tumulares dos primeiros séculos, quão simples, pura e bíblica era a fé dos primitivos cristãos, em contraste com a religiosidade confusa e pagã do atual "cristianismo" romano.

Os milhares de peregrinos que visitam Roma e suas catacumbas não fazem ideia da extensão destas. Scott afirma que cerca de 70 mil inscrições foram exploradas e catalogadas, significando esse número apenas uma pequena fração de uma vasta necrópole com quatro milhões de sepulturas em mais de 800 quilômetros de galerias subterrâneas! "Nesta silenciosa cidade dos mortos", diz ele, "vemo-nos cercados por uma poderosa nuvem de testemunhas, uma multidão que ninguém pode contar, cujos nomes, desprezados na terra, estão inscritos no Livro da Vida".

Em seu prefácio à segunda e terceira edições desta monumental obra, registrou o saudoso Emílio Conde: "A tradução e a divulgação da obra de Benjamin Scott, *As Catacumbas de Roma*, deve-se à operosidade notável do servo de Deus, J. L. Fernandes Braga Jr., o qual prestou, com esse esforço, incalculável auxílio ao evangelismo do Brasil e Portugal. A presente edição deve-se ao gesto da nobre dama viúva Henriqueta Fernandes Braga, continuadora da obra iniciada pelo varão que teve por esposo, e que tanto honrou o Evangelho, autorizando o editor a dar publicidade ao famoso livro que Benjamim Scott tão bem documentou".

Reiteramos nossos agradecimento à ilustre família Braga pelo privilégio de podermos trazer a lume esta valiosíssima obra, desta feita em edição de luxo, em que se introduziram apenas indispensáveis alterações ortográficas e semânticas.

Também, graças à dedicação do artista plástico Ronaldo Antunes, todas as ilustrações constantes das edições anteriores foram esmeradamente refeitas, para maior enriquecimento deste interessantíssimo documento histórico.

Rio de Janeiro, maio de 1981.
Abraão de Almeida

SUMÁRIO

Apresentação 5
1. O Paganismo e o seu Culto 9
2. A Sociedade sob Influência do Paganismo 31
3. O Cristianismo e as Catacumbas 49
4. As Catacumbas e o seu Testemunho 69
5. Os Epitáfios das Catacumbas 85
6. Romanismo: "Cristianismo" Adulterado 115
7. As Revelações das Catacumbas contra o Romanismo 139

O PAGANISMO E O SEU CULTO

"Os lugares tenebrosos da terra estão cheios de moradas de crueldade."
Salmos 74.20

O assunto do presente volume é "o período de Augusto", que se inicia no reinado de César Augusto, 63 a.C., e se estende pelo governo de seus sucessores imediatos. Uma época notável pela florescente condição da literatura e do saber, e pelo próspero cultivo das belas artes.

O grande Júlio César, tio e predecessor de Augusto, tinha, através das armas, tornado tributárias de Roma todas as nações circunvizinhas. Assim, o Império Romano, quando Augusto subiu ao trono, compreendia quase todo o mundo então conhecido.

A religião dessas nações, com exceção dos judeus, era o paganismo em suas diversas formas, que era também a religião da Roma Imperial. Com seus exércitos, Roma levava seus deuses a outras nações e promovia-lhes culto. Por conveniência política, Roma adotava deuses de outras nações pagãs, admitindo-os no seu Panteão. A Índia longínqua, a Citia, a África Meridional e a China, ainda que não conquistadas, e, por conseguinte, não tributárias, eram também pagãs. Não obstante as divindades adoradas nesses países serem diferentes em nome, os seus atributos e caracteres podiam facilmente identificar-se com os adorados no Império.

O sistema pagão era politeísta. Geralmente essas divindades eram representadas por qualquer forma humana, tais como Júpiter, rei do Olimpo, e muitos outros ídolos cujos nomes são, sem dúvida, familiares — Marte, Mercúrio, Netuno, Baco, Vulcano, Juno, Vênus e outros, que eram os deuses ou advogados da guerra, do roubo, do deboche, da embriaguez. Havia ainda os deuses que personificavam as virtudes cívicas e domésticas.

Os deuses de Roma, os reis divinizados, os deuses estrangeiros (tais como Ísis, deusa dos egípcios), juntamente com divindades menores e semideuses, que presidiam países, cidades, rios, estações e colheitas, elevavam a centenas a lista dos "muitos senhores e muitos deuses", a quem, na época a que me refiro, o mundo civilizado rendia homenagem e prestava culto.

Poderíamos citar inumeráveis autores para provar o número e a inutilidade de tais divindades. Um escritor dessa época observa satiricamente: "É mais fácil achar um deus do que um homem".[1] Lívio, falando de Atenas, capital da Grécia, diz que a cidade estava cheia de imagens de deuses e de homens enfeitados com toda a espécie de material e com toda a perícia da arte.[2] Outro escritor declara: "Por todos os lados há altares, vítimas, templos e festas".[3]

Mas os romanos não adoravam somente os deuses que tinham inventado. Sua ânsia por um Deus verdadeiro, "se porventura o pudessem achar", e sua consciência de que devia haver algum mais digno da sua estima do que as vis criações de sua corrupta imaginação, fizeram-nos ajuntar aos milhares de altares mais um: o altar ao Deus Desconhecido.

Este fato nos é familiar pela narração de Lucas nos Atos dos Apóstolos, e inteiramente confirmado por escritores pagãos.[4] O es-

---

[1] Petrônio, Sat. XVII.
[2] Tito Livio, 45, 27.
[3] Luciano, *Prometheu*, livro I, p. 180.
[4] Lucieno, no seu *Philopatris* emprega esta forma de juramento: 'Juro pelo *Deus Desconhecido* de Atenas". Mais adiante (Cap. 29. 180), diz: 'Achamos o *Deus Desconhecido* em Atenas e adoramo-lo com as mãos erguidas para o céu. Podíamos ainda citar os autores Philostrato, Pausanias, Diógenes Laércio, e outros, mas estes devem bastar.

pírito do apóstolo Paulo sentia-se comovido em si mesmo, vendo a cidade de Atenas "toda entregue à idolatria",[5] e no seu discurso no Areópago ateniense, disse: "indo passando, e vendo os vossos simulacros, achei também um altar em que e se achava esta letra: ao Deus Desconhecido".[6]

O que havia em Atenas havia também em Roma, a capital do mundo, pois nos é dito pela autoridade de Mucio Félix, que construíram altares a divindades desconhecidas. Tal era então a natureza politeísta do sistema pagão.

Falemos agora um pouco do caráter destes deuses, e da natureza do culto que lhes era prestado. Não há crime, por mais abominável que seja, que não lhes pudesse ser imputado. O seu caráter pode resumir-se nestes versos do poeta Pope: "Deuses injustos, mutáveis, iracundos / Só na vingança e podridão fecundos".

O que eram os deuses, era o sistema com o qual estavam identificados; eram os efeitos sobre seus adeptos. Julguemos esse sistema pelas próprias bocas dos pagãos.

Aristóteles[7] aconselha que as estátuas e pinturas dos deuses não deveriam exibir cenas indecentes, exceto nos templos das divindades que presidiam a sensualidade. Como não estariam as coisas para ser necessário tal conselho? E qual o estado de espírito de um pagão esclarecido que podia justificar tal exceção!

Petrônio informa que os templos eram frequentados, os altares eram enfeitados e as orações eram oferecidas aos deuses para que eles tornassem mais agradáveis os vícios desnaturados dos seus veneradores.

O honesto Sêneca,[8] revoltado contra o que presenciava ao redor de si, exclamava: "Quão grande é a loucura dos homens! Balbuciam as mais abomináveis orações, e, Se alguém se aproxima, calam-se logo; *o que um homem não deveria ouvir eles não se envergonhavam de dizer aos deuses*". Ainda mais: "Se alguém considera o que eles fazem e ao que se sujeitam, em vez da decência, encontrará a indecência; em vez da honra, a indignidade; em vez da razão, a insensatez".

---

[5] Atos 17.16
[6] Atos 17.23
[7] *Política*, VI, 18, Ed. De Schneider
[8] Citado na *Influência do Paganismo* de Tholuck.

E, para completar o testemunho dos pagãos, quanto ao caráter e efeitos do seu sistema, Platão declara: "O homem tem se tornado mais baixo que o mais vil dos animais".

Bem podia o apóstolo Paulo, escrevendo aos romanos durante o período a que nos referimos, usar a terrível linguagem contida no primeiro capítulo da Epístola, pois tudo é confirmado pelo testemunho de escritores pagãos. Bem podia Paulo atribuir tudo ao sistema religioso de Roma e ao caráter de seus deuses. Poderia ele afirmar que por isso mudavam a glória do Deus incorruptível em semelhança e figura do homem corruptível, de aves, de quadrúpedes e de serpentes; pelo que os entregou Deus aos desejos dos seus corações e à imundície, pois não deram provas de conhecerem a Deus. Foram entregues a um sentimento depravado para que fizessem coisas que não convém; cheios de iniquidade, de malícia, de imoralidade, de avareza, de maldade, de inveja, de contendas, de engano. Tornaram-se homicidas, mexeriqueiros, murmuradores, aborrecidos de Deus, soberbos, altivos, inventores de males, desobedientes a seus pais, insipientes, imodestos, sem benevolência, sem palavra, sem misericórdia.[9]

Bastaria citar este trecho de Paulo para provar a nossa tese. Entretanto, como pode ser que haja alguns que não investigaram a irrespondível evidência em que se baseia a autenticidade dos escritos inspirados, é útil apresentar o testemunho combinado, o pagão e o cristão.

Quanto ao caráter dos antigos ídolos pagãos, fora dos limites do Império Romano, não temos tantas informações; existe, porém, evidência suficiente para provar que o paganismo oriental era tão vil e degradante como o da Grécia e de Roma, sem se ter até agora alterado profundamente. Podemos estudá-lo pela observação atual. Citaremos somente uma passagem. Um documento público apresentado ao Parlamento por um magistrado de Bengala Meridional, na Índia,[10] fala da adoração da deusa Kalé, dizendo: "O assassino, o ladrão e a prostituta, todos aspiram adorar um deus cujo culto seja a obscenidade, um deus que se deleite no sangue do homem e dos animais e a quem possam implorar auxílio para cometerem os seus crimes".

---

[9] Romanos 1.23,24,28-31
[10] A. Oakley, citado na *Filosofia do Plano da Salvação*.

Havia, sem dúvida, exceções a esta regra quanto aos atributos dos deuses pagãos. Algumas daquelas divindades personalizavam virtudes; havia homens melhores do que o sistema que prevalecia. As raras exceções sobressaem nos anais da história com tanto brilho quanto raridade.

Estes homens excepcionais eram virtuosos em razão da luz ainda não extinta na sua natureza decaída; eram virtuosos apesar do seu sistema religioso e não por causa dele. Dionísio de Halicarnasso diz: "*Há somente uns poucos* que chegaram a ser mestres de filosofia; por outro lado, a grande e ignorante massa popular está mais propensa a encarar essas narrativas (as vidas dos deuses) pelo lado pior e a desprezar os deuses como seres que se transformam nas mais crassas abominações, ou a não temer praticar as maiores baixezas, crendo que os deuses as praticam também".[11] Tais eram os deuses do paganismo e tais os efeitos naturais do seu caráter sobre os seus devotos.

Observemos que o sistema pagão, tal como o judaico, era *sacerdotal*. Entre os pagãos, o sacerdote, que podia ser homem ou mulher, era o mediador entre o povo e as divindades, e a elas oferecia orações e sacrifícios. Em seu nome interpretava sinais, oferecia presságios e revelava a vontade dos deuses, além de exercer funções judiciais.

---

[11] É absolutamente impossível descrever detalhadamente as terríveis depravações do velho mundo pagão. No dizer do apóstolo 'é vergonha mesmo só falar daquelas coisas que faziam em secreto'. O leitor não deve precisar que lhe digamos toda a miséria moral de uma religião cujos deuses eram debochados, bêbados, fratricidas, prostitutos e assassinos, e cujos templos eram lupanares e antros dos piores vícios, chegando alguns a só serem tolerados fora das cidades (Vitruvio I.7). Seus espetáculos — as horríveis pugnas de gladiadores e cenas tão impuras — o Catão caserneiro não podia presenciar. Suas procissões eram cortejos de indecências. Seus altares não raros se tingiam de sangue humano. Suas festas, as célebres bacanais e saturnais: cujo ritual era o vício, e cujos sacerdotes e sacerdotisas [temos de descer um véu para esconder suas simples funções sacerdotais]. No tempo de Augusto, o casamento tinha caído em desuso. Se existia, era apenas para tornar a mulher escrava. A esposa tinha de trabalhar, as concubinas e cortesãs é que eram as *amigas* do seu *senhor*. Mas tudo isso não é ainda o mais negro quadro. Não há um único dos vícios que provocaram a extinção dos cananeus ou que fizeram vir do céu o fogo vingador sobre todos os imperadores, estadistas, poetas e filósofos da Roma antiga e da Grécia clássica. A lepra moral corrompia a tudo e a todos. A crueldade campeava tanto quanto a sensualidade. A escravatura era universal. Sócrates era uma exceção". *A Igreja Livre da Antiguidade*, por Basílio H. Cooper p. 31 e 32.

O culto consistia na prática de certos *atos* ou *ritos exteriores*. Era, por outras palavras, exclusivamente externo ou cerimonial. *Não existe uma única prova* de que ensinassem a moral.[12] Os ritos compreendiam sacrifício, ofertas, orações, incensos, peregrinações a lugares santos ou relicários; procissões em honra dos deuses; jejuns, abstinências, mortificações, penitências, observância de festas e, frequentemente, práticas viciosas.

Esses ritos eram custosos, exigindo sacrifícios da parte dos que os praticavam, conforme a posição de cada um. Os seus benefícios favoreciam mais aos ricos que aos pobres. Não só eram abominavelmente impuros, mas também barbaramente cruéis. Acerca da imoralidade das cerimônias é impossível falar. Mas mesmo que fossem descritos, não seriam acreditadas, se não fizessem longas citações de historiadores autorizados.

Afirme-se desde já que o Cristianismo baniu o conhecimento dos vícios cometidos publicamente nessa época; vícios que não somente produziam o descrédito daqueles que os praticavam, mas que faziam parte dos seus ritos religiosos e que, em alguns casos, eram obrigatórios, e noutros, tidos como honrosos e meritórios. É uma bênção serem agora mortas as línguas em que essas coisas foram escritas! Mas, não devemos esquecer as lições que elas nos ensinam.

Dissemos que os ritos pagãos eram muitas vezes barbaramente cruéis. Referimo-nos principalmente à pratica de *oferecer sacrifícios humanos*: e essa prática, segundo a história antiga, parece ter sido universal. Não é conhecida a data em que essa abominação foi introduzida, mas, sem dúvida, foi pouco depois do princípio do mundo. Os cananeus, há 3.300 anos, a praticavam, oferecendo seus filhos aos ídolos de Canaã, especialmente a Moloque.[13] Foi evidentemente este um dos crimes pelos quais o Todo-Poderoso mandou destruir aquele povo: "Não darás nenhum de teus filhos para ser consagrado ao ídolo Moloque [...] porque todas estas execrações cometeram os habitantes desta terra, que foram antes de vós, e com ela vomitou a gente que houve antes de vós, vos vomite também a vós, se fizerdes outro tanto".[14]

---

[12] Ver o *Dicionário de Antiguidades* do Dr. Smith o tópico *Sacerdotes*.
[13] Deuteronômio 18.9,10.
[14] Levítico 18.21, 27,28.

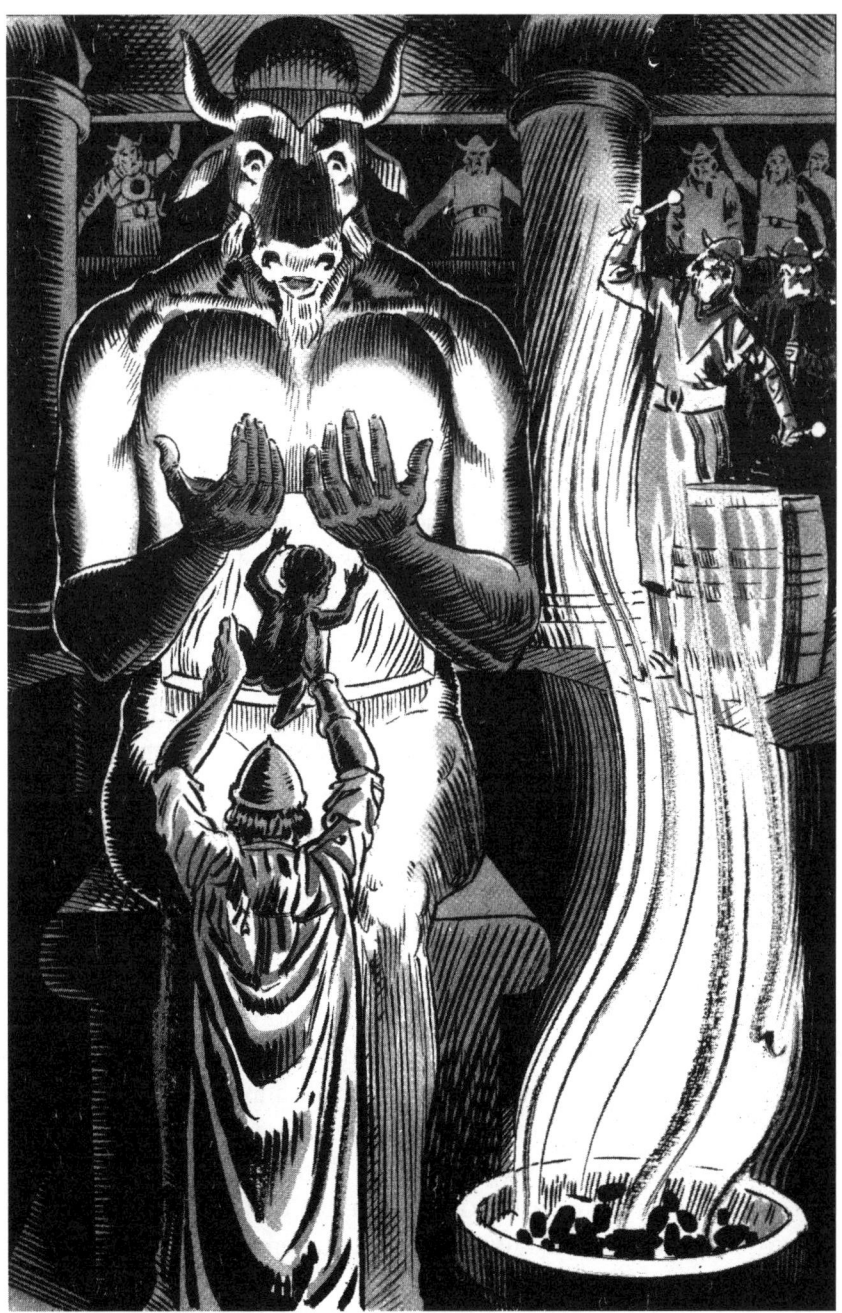
Sacrifício de crianças a Moloque

É necessário explicar que a expressão "consagrar os filhos ao ídolo Moloque", utilizada em nossas Bíblias, significa queimar as crianças em honra dessa divindade.[15] Sobre este ponto não há dúvida. Moloque, Moleque, Malcom ou Milcom, como podia ser chamado, era o planeta Saturno divinizado. Seu culto existia principalmente entre os primitivos habitantes de Canaã, e entre os amonitas, fenícios e cartagineses.

O ídolo consistia em uma estátua de latão, sob a forma de homem com cabeça de touro; tinha os braços estendidos para frente, um pouco abaixados. Os pais colocavam seus filhos nas mãos do ídolo. Dali a criança caía numa fornalha onde morria queimada. Durante a cerimônia, tocavam tambores para abafar os gritos dos inocentes. Algumas vezes o ídolo era oco, e dentro dele acendia-se o fogo. Depois de aquecido até ao rubro, colocavam-se as crianças para serem queimadas nas mãos em brasas da estátua.

Apesar de ter o Todo-poderoso proibido expressamente esses crimes, os judeus praticaram-no por diversas vezes, especialmente nos reinados de Acaz e de Manassés. Erigiram o ídolono vale ao sul de Jerusalém, chamado Enon, mais tarde denominado Tofete em referência aos tambores que tocavam para sufocar os gritos das vítimas.[16] Mais tarde, o lugar veio a ser tão odiado pelos judeus que recebeu o nome de Ge-hinnon ou Geena, lugar de castigo na vida futura, isto é, Inferno. De maneira que, na opinião destes judeus, bastava praticar tais abominações pagãs para fazer da terra um inferno.[17]

Ainda sobre os *sacrifícios humanos*, principiemos pelos gregos civilizados e seus filósofos. Agamenon, rei de Micenas, ofereceu sua filha Efigênia para obter uma brisa favorável durante a travessia de um mar mais estreito que o Canal da Mancha. Na volta de sua viagem, ofereceu ainda outro sacrifício humano. Os atenienses e os massalinos ofereciam anualmente um homem a Netuno. Menelau, rei de Esparta, sendo detido por ventos contrários, ofereceu duas crianças egípcias. A história relata-nos que muitos dos estados gregos ofereciam vítimas humanas antes de empreenderem uma ex-

---

[15] Compare Deuteronômio 12.31—18.10 com Salmos 106.38; Jeremias 7.31—19.5; Ezequiel 16.20,21; Atos 7.43.
[16] Isaías 30.36; Jeremias7.31,32—19.4-14.
[17] Deodoro Sículo, XX, 24; Eusébio. Praep. Evang. IV. 16.

pedição ou guerra. Em Rodes, ofereciam um homem a Crono, deus semelhante a Moloque, no dia 6 de julho de cada ano; em Salamina, ofereciam também um homem em março de cada ano; em Chios e Tenedos, despedaçavam anualmente um vítima humana. Na África, Ereteu sacrificou sua filha; Aristides sacrificou três sobrinhos do rei da Pérsia; Temístocles sacrificou diversos nobres. Note bem: estes homens eram tidos como sábios, justos e bons!

Na Tessália, oferecem-se sacrifícios humanos; os palagianos, nos tempos de escassez, ofereciam a *décima parte de seus filhos*; na Cirena e no Tauro, *cada náufrago estrangeiro*, em vez de ser recebido com hospitalidade, era sacrificado à Diana. O templo desta deusa em Arícia era servido por um sacerdote que havia matado seu antecessor. Os lacedemônios anualmente ofereciam vítimas humanas a Diana até o tempo de Licurgo, que mudou esse costume pelo açoite. No entanto, as crianças eram muitas vezes flageladas até morrer.

Passemos dos gregos e seus vizinhos para o império de Roma. A história nos informa que, embora não tão frequentemente, o sacrifício com vítimas humanas foi uma prática durante muitos anos.

Em Roma, era costume sacrificar anualmente trinta homens, atirando-os ao Tibre, para obter o progresso da cidade. Tito Lívio menciona que dois homens e duas mulheres foram enterrados vivos para evitar calamidades públicas; também Plutarco descreve um sacrifício semelhante. Caio Mário ofereceu sua filha Calpúrnia para ser bem-sucedido numa expedição conta os címbrios.

É bem verdade que no ano 96 a.C. foi publicada uma lei para sustar essas práticas, prova de que o costume existia. Além disso, o sacerdote pagão mostrava-se muitas vezes mais forte que o magistrado civil; assim, embora tivesse sido a lei promulgada, o costume não fora abolido. Muitos casos de sacrifícios humanos são mencionados até o ano 300 da era cristã — quase 400 anos depois da publicação deste édito.[18]

Da Grécia e de Roma passemos a outras nações antigas, e indaguemos quais eram as práticas do paganismo. Em Tiro, o rei oferecia o filho para obter prosperidade; pela Escritura Sagrada, sabemos que os moabitas também tinham tal costume. Na ocasião da derrota do

---

[18] Citado na *Religião Genuína e Espúria* de Muhleisen, Vol. II, cap. IV.

rei de Moabe pelos exércitos de Judá e Israel, o soberano moabita ofereceu em sacrifício seu filho primogênito. No tempo do Novo Testamento, Pilatos misturou o sangue de certos galileus com os seus sacrifícios.

Os cartagineses seguiram esse costume. Em ocasiões extraordinárias, sacrificavam multidões de vítimas humanas: durante uma batalha contra os sicilianos, os cartagineses, sob o comando de Amílcar, ficaram no campo oferecendo, em uma grande fogueira, os corpos de numerosas vítimas.[19] Outra vez, quando Agatocle estava para sitiar Cartago, seus habitantes, supondo que suas desgraças fossem por causa da ira de Saturno, por lhe terem oferecido somente filhos de escravos e estrangeiros, e não crianças nobres, sacrificaram duzentas crianças das melhores famílias, a fim de agradar a divindade ofendida. Trezentos cidadãos imolaram-se voluntariamente na mesma ocasião.[20] Outra vez, para celebrar uma vitória, o mesmo povo imolou os mais perfeitos e formosos de seus cativos. As chamas da fogueira foram tão grandes que lhes incendiaram o acampamento.[21] Tertuliano, escritor cristão, atesta que em seus dias, por volta do terceiro século depois de Cristo, sacrifícios humanos eram comuns na Arcádia e em Cartago.

Agora, voltemos ao Oriente.

No Egito havia sacrifícios de vítimas humanas, cujas cinzas eram espalhadas pelas terras para se conseguir a fertilidade do solo; os escolhidos eram homens de cabelo ruivo. Diz Maneto que, durante a dinastia dos hiesos, diariamente eram sacrificadas três pessoas: um total de 1095 vítimas por ano. Entre os persas, sabe-se, existia o mesmo costume. Quando Anestris, mulher de Xerxes, chegou à idade de 50 anos, como ação de graças aos deuses,[22] foram enterradas *vivas 14 crianças*.

Quanto aos assírios, não se dispõe ainda de informações suficientes para afirmar que os sacrifícios humanos eram parte constituinte de seu sistema religioso. No entanto, recentes descobertas

---

[19] Heródoto, VII, 167.
[20] Deodoro Sículo, XX, 14.
[21] Deodoro Sículo, XX, 56.
[22] Além das autoridades já citadas podem-se encontrar inúmeros testemunhos, tirados dos autores clássicos, na *Introdução ao Novo Testamento de Harwood*, na *Análise da Mitologia Antiga*, de Bryant, etc.

em Nínive, e o desvendamento da linguagem escrita dos assírios, indicam que eles adoravam deuses; para os quais, em outros países, eram oferecidos sacrifícios humanos.[23] É evidente que os assírios não faziam exceção quanto à crueldade do paganismo: das decorações de seus plácidos reais, fazem parte, imagens que representam a esfolação de pessoas vivas e outras atrocidades.

Falando dos hindus e chineses, será mais útil citar as suas práticas recentes, visto como poucos dos seus antigos escritos chegaram até nós.

Os hindus, mesmo sob domínio europeu, segundo os registros públicos de Bengala, entre os anos de 1815 e 1824, queimaram vivas 5.997 viúvas. Tal crueldade ainda se pratica no interior desses países. Também era comum afogar e enterrar pessoas vivas.

Os chineses, em Tonkin, sacrificavam crianças cortando-as ao meio ou envenenando-as. Em Laus, quando fundavam um templo, a obra era cimentada com o sangue do primeiro estrangeiro que por ali passasse. Também atiravam crianças aos rios como sacrifício oferecido às águas.

O norte da Europa também guardava costumes e práticas pagãos. Raras são as fontes onde se podem obter fatos, mas há material suficiente para provar a existência das práticas pagãs em toda a sua hediondez. Harold, rei saxônio, matou dois de seus filhos para obter uma tempestade que fizesse naufragar a esquadra dos dinamarqueses. Na Rússia, ainda no século X, um homem foi escolhido à sorte e sacrificado, a fim de aplacar a ira dos deuses. Na Zelândia, sacrificavam-se, anualmente, 99 pessoas ao deus **Swan-to-wite**. Na Dinamarca, era sacrificado o mesmo número de homens. Os escandinavos sacrificavam todos os cativos a Odim. Os sacerdotes eslavos não somente matavam vítimas humanas, como também bebiam seu sangue.

O modo de destruir a vida diferia, mas o princípio era o mesmo, e parece ter sido universal. Os gauleses matavam com um golpe de machado, dado de tal maneira que a vítima ainda ficasse viva, para obterem presságios por meios de suas convulsões. Os celtas colo-

---

[23] *Esboços da História Assíria*, de Rawlinson. As mesmas investigações revelam que prevalecia o culto da deusa Milita, cujos ritos consistiam na mais revoltante obscenidade. O mesmo pode se dizer da Babilônia.

Crueldade assíria: línguas cortadas

Crueldade assíria: olhos tirados

cavam as suas vítimas em um altar e abriam-lhes o peito com uma espada; os címbricos estripavam as vítimas; os noruegueses tiravam-lhes fora os miolos com um jugo de boi. Os islandeses crivavam as vítimas de setas. Na Bretanha, os druidas faziam uma figura de vime de forma humana, que enchiam de vítimas e ateavam fogo, como descreve César: "Alguns usam imagens enormes, cujos membros são feitos de vime e cheios de criaturas vivas; pondo-lhes fogo, as chamas destroem essas criaturas. Quando não há número suficiente de criminosos, não têm escrúpulos em torturar inocentes".[24]

Os pormenores não são apenas revoltantes, mas enfadonhos. Contudo, não se pode considerar completa esta parte do assunto sem lançar vistas sobre os chamados países da antiguidade. Embora muito pouco se conheça de sua história antiga, sabe-se que sua religião é, ou era até pouco tempo, pagã em todo o sentido. Essas nações são especialmente da América, África e ilhas do Pacífico.

No México, a brutalidade de sacrificar vítimas humanas chegou ao máximo. Nenhum autor calcula o número anual de vítimas em menos de 20.000 e alguns o elevam a 50.000. Em ocasiões solenes, o número de sacrificados chegava a ser pavoroso. Na dedicação do grande tempo **Huitzilo-polchli**, em 1486, os prisioneiros, de há muitos reservados para esse fim, dispostos em fila, formavam uma linha de cerca de três quilômetros. A cerimônia durou alguns dias, e diz-se que 70.000 homens foram mortos. Os companheiros de Cortez, o conquistador do México, contaram em um dos templos 136.000 caveiras.

Quando perguntaram a Montezuma, último imperador do México, por que razão consentia que a república de Tlascala mantivesse a sua independência, respondeu que era para que lhe fornecesse vítimas para os deuses.[25] No tempo da seca, como sacrifício a **Theloc**, deus da chuva, crianças eram imoladas vestidas de roupas finas, e adornadas de flores de primavera. Escritores narram que os gritos das inocentes, quando levadas em liteiras para o lugar da matança, comoviam os corações mais duros. Mas não podiam comover os corações dos sacerdotes pagãos, que, como os devotos de Moloque, sufocavam os gritos

---

[24] *De Bello Gállico*, Livro VI.
[25] *A Conquista do México*, de Prescott.

Sacrifícios druídicos de crianças

das criancinhas com ruidosas músicas e cantos. Estas vítimas inocentes eram geralmente compradas pelos sacerdotes a seus pais pobres. E pais havia que vendiam os seus filhos! Isto era a repetição do antigo paganismo.[26] *"Sem benevolência, sem misericórdia"*, é realmente a justa qualificação dada pelo apóstolo inspirado.

A tribo Fanti, e muitas outras da África, ofereciam sacrifícios humanos em cada lua nova. Em Assanti, a adoração de tubarões e cobras era acompanhada de sacrifícios humanos em suas formas mais pavorosas.[27] Um rei ali deu instruções para o morticínio de 6.000 escravos no seu funeral, e o seu testamento hediondo foi executado. Essa prática existia em todas as ilhas do Pacífico. Em Otaeite, grande número de pessoas foram mortas, depois de lhes tirarem os olhos para os oferecerem ao rei. Nas ilhas Marquesas, principalmente nas ilhas **Harvey e Pallisay**, e nas da Nova Zelândia, não somente sacrificavam os seus inimigos, mas *devoravam-os*.

Não nos compete indagar por que a prática de sacrifícios, particularmente humanos, se generalizou. Basta observar que expediente algum do paganismo é fundamentado na verdade ou justiça. Assim, os sacrifícios oferecidos pelos judeus ou pelos pagãos evidenciavam grandes verdades. **Primeira**, que o homem tinha ofendido o seu Deus; **segunda**, que alguma expiação devia ser oferecida, ou alguma compensação feita para satisfazer a lei ofendida; **terceira**, que bastaria uma expiação vicária.

Estas práticas parecem ter existido universalmente; não há região no mundo onde não se possam encontrá-las. Sem dúvida, derivam da revelação divina feita ao homem no princípio de sua existência, como método destinado a efetuar a reconciliação entre o homem decaído e o seu Criador ofendido. A verdade, porém, corrompeu-se; mas a consciência humana, despontando incessantemente seus temores criminosos, evitou que a ideia se perdesse de todo. Sentindo a necessidade de um sacrifício de valor, e perdendo de vista o sacrifício perfeito que Deus prometera, o homem buscou no sacrifício da vida humana um sacrifício adequado à sua culpa. Assim, espalhou-se a prática de sacrificar "o fruto do corpo pelo pecado da alma".

---

[26] *A Religião Genuína e Espúria*, Muhleisen, vol. II, p. 299.
[27] *A África Ocidental*, de Hutchinson.

Não é, contudo, a origem das ideias pagãs, mas o estado do mundo pagão, que estamos desenvolvendo. Se tais eram os ritos religiosos, qual seria a condição social e moral dos pagãos no período que estamos considerando? Mesmo descontados os excessos e as imprecisões, a história assegura-nos que a condição social do povo era extremamente miserável e rebaixada. O infanticídio predominava tão miseravelmente quanto as práticas que aludimos. Não somente em países bárbaros, mas na culta Grécia e na civilizada Roma.

Entre os atenienses e gauleses, as leis autorizavam os pais a destruírem os filhos. Em Esparta, as leis de Licurgo obrigavam o pai a levar os filhos perante uma comissão examinadora; se a criança fosse considerada desfigurada ou fraca, era lançada em uma caverna profunda, perto do monte Taiego. Aristóteles diz: "É necessário expor [deixar morrer] crianças fracas e doentes, para evitar um aumento demasiado rápido de cidadãos". Platão, na sua *República*, diz que as crianças fracas não devem ver a luz. Também em Roma, as leis davam autoridade aos pais para tirarem a vida de seus filhos. Erixo e Ário, cidadãos romanos, mataram seus filhos a pancadas,[28] e Tertuliano afirma que os romanos expunham seus filhos à morte, afogando-os, ou deixando-os perecer de fome, ou devorados pelos cães. Cícero e Sêneca falam dessas práticas; tratam-nas, porém, como corriqueiras: não as censuram nem as comentam. Terêncio descreve um certo Cremes como "um homem de grande benevolência" e, no entanto, apresenta-o ordenando à sua mulher que matasse seu filho recém-nascido. Mostra ainda que Cremes se encolerizou por ter a esposa encarregado outra pessoa de executar o ato.[29]

---

[28] Sêneca, *De Clemência*, 1.4,15.

[29] Muhleisen, II, cap. 4. O morticínio de crianças, principalmente meninas, é assim descrito por um escritor moderno, Thomaz Bacon, autor do livro *Estudos do Natural no Hisdustão*, num trabalho sobre Benares, publicado no Anuário Oriental 1839, p. 92: "O revoltante crime de infanticídio era antigamente praticado em grande escale em Benares e distritos adjacentes, e, segundo atestam-nos os próprios mulçumanos, ainda hoje se pratica, apesar de todas as medidas proibitivas tomadas pelo governo. Havia povos onde não escapava uma única criança do sexo feminino, que eles destruíam sem o menor sentimento de pecado ou crueldade. Parece que o costume tinha a sua origem no interesse, para evitarem as grandes despesas com o casamento das filhas. A sua crença era que as almas das filhas que eles trucidavam voltavam nos filhos, (sexo masculino) que eles esperavam nascer. Se não nasciam, então era porque Siva, o seu deus, estava descontente, e tratavam de o propiciar até que um filho lhes viesse. Um dos

Citemos o testemunho do escritor Gibeon. Este testemunho é tanto valioso quanto é certo que ele se esforçou por pintar o paganismo com belas cores para prejuízo do cristianismo. Diz: "O costume de matar crianças era o *vício obstinado e predominante da antiguidade*, às vezes era imposto, outras permitido e sempre impunemente, ainda mesmo em nações que nunca admitiram as ideias romanas do pátrio poder".[30] César Augusto, um dos melhores imperadores, era réu de adultério covarde e de vergonhosa libertinagem; a sua única filha, Júlia, tornou-se infame pela sua conduta e foi banida por seu pai, que lhe havia dado o exemplo.

Vejamos agora qual era a condição social da mulher no paganismo. Em toda parte a mulher era considerada como inferior ao homem. No Hindustão, na China e nos mares do sul, por essa razão, ainda

---

meios de propiciação era entregar outra filha nas mãos dos bramas, seus sacerdotes, que a sacrificavam solenemente. Desse costume é fácil adivinhar a origem, quando se sabe que, a cada filha sacrificada, devia ir um bom presente para os sacerdotes. O processo caseiro de destruição era o que os hindus chamavam de *banho de leite*. Logo ao nascer, se a criança era menina, traziam para o quarto da mãe um caldeirão de leite quente, e, depois de orações para que a alma da pequena voltasse num menino, a inocente era afogada no leite e lançada no rio Ganges. Nos templos, a destruição era feita deitando a criança de costas e, depois de cerimônias diabólicas dedicadas à deusa medianeira Genesa, era morta a cacetadas por qualquer *fakir* desumano, ao som de bombos especiais".

[30] Gibbon, em seu livro *Decadência e Queda do Império Romano*, descreve assim a situação das crianças no direito romano: "Na casa paterna, os filhos são meras coisas". Confundidos pela lei com os objetos semoventes, como o gado e os escravos, que o *dono* podia alienar ou destruir, sem a menor responsabilidade perante qualquer tribunal, os pais podiam a seu talante, castigar os filhos por suas faltas reais ou imaginárias, com açoites, com prisão, com exílio ou com a morte. "O exemplo de execuções sangrentas, muitas vezes louvadas e nunca condenadas, encontra-se nos anais de Roma já depois de Pompeia e de Augusto" (cap. 44, p. 368). Tal é o testemunho de um inimigo do cristianismo sobre o paganismo. Mas é curioso notar como ele, mesmo indiretamente, presta homenagem à influência benéfica do cristianismo quando diz: "O Império Romano esteve manchado com o sangue dos infames até que tais práticas foram consideradas crime por Valencio, no código Corneliano" (p. 371). Isso foi cerca do ano 438, depois do triunfo do cristianismo. Um exemplo do tratamento das crianças, no auge da civilização romana, pode ver-se na execução de Sejano, no tempo de Tibério. Os filhos de Sejano, um menino e uma menina, muito novos para terem qualquer parte em seu crime, foram condenados a morrer com ele. A menina, na sua simplicidade infantil, perguntou o que tinha feito, mas nem a idade, nem o sexo, nem a inocência lhe valeram. Segundo o maldito costume da época, foi antes violentada e depois morta (*A República Romana*, de Fergusson, vol. 5, p. 354).

se destroem crianças do sexo feminino. Em Bengala suspendiam as meninas recém-nascidas nos ramos das árvores em cestas, e assim pereciam comidas pelas formigas, moscas e aves de rapina. Tal era a condição do sexo feminino na infância. Se sobrevivesse, a mulher era levada a um ínfimo ponto. Aristóteles escreve: "As mulheres são uma espécie de monstro — o começo da degeneração da nossa natureza".

A poligamia, ainda que proibida pelas leis de alguns países, era quase universal. Não há necessidade de demonstrar que esta prática é evidentemente contrária à natureza, onde há quase igualdade absoluta a ambos os sexos. Tão pouco é preciso dizer que é uma prática degradante para a mulher, pois a trata como se fosse incapaz da afeição que tanto distingue seu sexo.

A mulher era definida pelas leis de Roma, *não como pessoa, mas como coisa* e, se faltasse o título da sua posse, poderia reclamar-se como quaisquer móveis.[31] Era tratada como escrava do homem e não como sua companheira e amiga; era comprada, vendida, trocada, desposada, casada, divorciada e separada de seus filhos, sem seu consentimento; sem misericórdia, à vontade do capricho do seu senhor. Ele podia legalmente matá-la, ainda que fosse por ter provado o seu vinho ou por ter suas chaves.[32]

Não deixará de ser proveitoso ouvir o testemunho de alguém que estudou a condição da mulher debaixo do paganismo moderno.[33] "Verdadeiramente", disse o Dr. Vidal, "a vida de uma mulher indiana, do berço à sepultura, é de miséria. Quem nunca ouviu a narração triste e comovedora da menina criança, já desposada com um homem que não tem interesse por ela, e sobre quem ela lança olhares de terror? Desde o dia do seu infantil casamento, é obrigada a ser uma pobre escrava, vil e deprimida, servindo ao seu senhor com submissão e silêncio; cumprindo toda a vontade dele, sem ouvir uma única palavra de agradecimento; sem conforto, e, naquele dia terrível, quando a morte arrebatar o seu tirano, está obrigada a ser queimada com ele, como holocausto vivo; ou a ser enterrada viva ao seu lado na sepultura.[34]

---

[31] *Decadência e Queda do Império Romano*, de Gibbon, cap. 44. p. 373.
[32] Plínio, *História Natura*l, XIV, 14; Plutarco, p. 57.
[33] *Discurso a favor da Sociedade Promotora da Educação Feminina no Oriente*, pelo Dr. Vidal.
[34] Entre os anos de 1815-1820 chegaram ao conhecimento do Governo de Bengala nada

Crianças oferecidas a Siva

"Ou ainda: não ouvimos nós também falar das filhas da Índia, que, pondo de lado o sentimento e ternura femininos, liguem o culto satânico de *Pey-adi*, com todas as suas horríveis práticas, bebendo o sangue das vítimas até a intoxicação e dançando em louco frenesi, até caírem no chão, exaustas? Desgraçadas! São vítimas de suas próprias imaginações e daquele mau espírito a quem se dedicam. Quando uma delas é interrogada a respeito da sua alma, a resposta ignara é: 'Minha alma! Que alma tenho eu? Eu sou apenas mulher'".

Voltemos para o Oriente, para as multidões compactas da China. Como se trata aí a mulher? Que história de pesar revela esse simples fato que descobrimos logo à chegada; que nos impressiona desde o momento em que pomos os pés em terra! Referimo-nos ao terrível costume do infanticídio feminino, em razão do qual a menina recém-nascida é logo condenada à morte, assassinada sem compaixão, como se isso fosse necessidade inevitável devido ao seu sexo! *Na China é considerada uma desgraça o ser pai de uma menina.* Onde metade das meninas são vítimas desse terrível costume, o que se pode esperar com referência à sorte das sobreviventes?! Assim, rebaixada e desprezada, tida como inoportuna para a família da qual deveria ser o ornato e a honra, a mulher chinesa bem pode ser descrita juntando os seus lamentos aos das suas irmãs maometanas da Índia."*

São enfadonhas as narrações sobre a crueldade do derramamento de sangue, frutos da noção pagã da posição social da mulher. Porém, cremos que já foi dito o bastante para provar que a mulher só teve a ganhar desde que foi libertada pelo cristianismo.

Há que se falar não somente da mulher e da criança, mas também sobre a condição moral da sociedade sob influência do paganismo. Isso será assunto no capítulo seguinte.

---

menos de 62 casos de meninas de menos de 18 anos que foram assim cruelmente destruídas. As idades destas pobres meninas eram as seguintes: 14 tinham dezessete anos; 1 tinha dezesseis anos e meio; 22 tinham dezesseis; 6 tinham quinze; 2 tinham catorze; 2 tinham treze; 10 tinham doze; 1 tinha dez e 3 delas somente oito. Este costume bárbaro foi abolido só no ano de 1830.

*Essa descrição data da época em que o livro foi escrito (1883).

Sacrifício das viúvas na Índia

A SOCIEDADE SOB INFLUÊNCIA DO PAGANISMO

"Eles são cruéis e não usarão de misericórdia..."
Jeremias 6.23

Em todas as pinturas há pontos que atraem a nossa atenção pela maneira como se apresentam. Assim é quanto à pintura que a história e a literatura nos deixaram do paganismo. Ao começarmos a análise, ficamos surpreendidos com os atos isolados de crueldade ou injustiça para com certas classes e, particularmente, para com os desamparados. Continuando a estudar e a refletir, ficamos impressionados com a depravação geral, mísera degradação e degeneração da sociedade, desde o imperador ao escravo. Raciocinando sobre a matéria, chegamos à conclusão evidente de que se, todas as classes e ambos os sexos não se tivessem igualmente degenerado, um protesto indignado de alguma classe se teria levantado por cima dos clamores de miséria, e denunciado orgias e devassidões.

Não são precisos fatos para justificar o que acima ficou dito. Portanto, forneceremos alguns casos que podem dar testemunho esmagador; primeiro referentes aos governantes, depois aos homens livres, e, finalmente, aos escravos.

A história da vida dos imperadores romanos, de suas famílias e parentes, com poucas e notáveis exceções, expõe

todos os vícios que a natureza decaída é capaz de praticar. O livro que publicasse a biografia desses pervertidos teria suas páginas enegrecidas. Eleitos que eram, sua moral refletia a do próprio povo.
Vejamos alguns atos dos maiores Césares.

Júlio César, o feliz soldado e talentoso general, matou na guerra, principalmente para seu benefício pessoal e satisfação da sua ambição desordenada, mais de um milhão e cem mil homens,[1] e corrompeu, segundo declaração de um célebre historiador, metade das senhoras de posição e influência de Roma.

"César", diz ele, "matava os agentes de seus crimes se eles falhassem em destreza [...] César, o amante de cada mulher". Os talentos do imperador, reconhecido como grande homem, e sua boa sorte, até o momento de seu assassinato, encobriram a hediondez de suas ações.[2]

Os poetas dramáticos, que às vezes apelam para o coração humano, representam com indiferença aquele costume popular, que era seguido por motivos de economia.

Tibério, que sucedeu Augusto, foi o símbolo de crueldade, intemperança e devassidão. Não somente os seus parentes e amigos, mas também os grandes e opulentos membros da aristocracia foram sacrificados à sua ambição, atrocidade e avareza. Quase que não havia em Roma uma só família que não o amaldiçoasse pela perda de um irmão, pai ou marido. Finalmente retirou-se para a ilha de Cáprea, na costa da Campânia, onde mergulhou em prazeres repugnantes. No seu retiro solitário propôs recompensas aos que inventassem novos prazeres ou pudessem produzir a volúpia. Arruinou-se pela prática de vícios contrários à natureza e que fariam corar o mais depravado mortal. A sua intemperança era tal, que Sêneca, espirituosamente, observa que "ele nunca se embebedou senão uma só vez, por que continuou num estado perpétuo de embriaguez desde o dia em se entregou aos vícios de beber, até o último momento de sua existência".

Apesar de tudo isso, Tibério, como seus predecessores Júlio e Augusto, e muitos dos seus sucessores, foram, depois de mortos, elevados à dignidade de deuses e adorados como divindades em Roma. Se tais eram os deuses, em que condições não estariam os cidadãos romanos?

---

[1] *Biografia Universal*, de Platt, vol. 1, p. 651.
[2] Ophellet, Mélanges *Philosophiques*.

Calígula, o imperador seguinte, cometeu atrocíssimos atos de impiedade, crueldade e extravagância. Começou a carreira da perversidade matando parentes, senadores e pessoas de posição. Em atitude descarada, casou-se com a sua própria irmã Drusila e, por ocasião de sua morte, ordenou que se lhe prestassem honras divinas em templos construídos especialmente para ela.

Para um cavalo favorito que tinha, erigiu um palácio com uma cocheira de mármore e com as grades da manjedoura de marfim. Alimentava esse animal com cevada dourada numa vasilha de ouro. Introduzia no templo esse cavalo, paramentado de sacerdote de Júpiter, e ordenou que oferecessem sacrifícios a si, à sua mulher e ao seu cavalo.

Casou-se com várias mulheres, que ia abandonando uma após a outra a outra. A crueldade veio a ser hábito. Certa ocasião, deu ordens para um assassinato, com as seguintes instruções: "Feri-o de tal maneira que ele possa sentir a presença da morte". Noutra ocasião exclamou: "Oxalá o povo romano tivesse uma só cabeça, que eu pudesse cortar de uma só vez". Parece, como observa Sêneca, que ele foi trazido pela natureza com o fim especial de mostrar quanto mal poderia ser executado pela depravação suportada pelos mais altos poderes.[3]

Cláudio, evidentemente pela natureza de uma disposição fraca e inofensiva, começou o seu reinado de maneira a reparar, em parte, o caráter da sua classe; porém sua mulher Messalina, fornece-nos uma ilustração da condição social moral da aristocracia daquele tempo. Ela completou o que faltava ao imperador.

O nome **Messalina** ficou inflamado e representa tudo que há de mais baixo no seu sexo. Não era menos notória pela crueldade, que pela influência sobre o imperador, e pelos atos que praticava em nome dele. Conseguiu a morte de Áppio Silano, que se havia casado com a sogra do imperador; a de Silano e a de Ponpeu, seus genros; e de suas duas sobrinhas, as Lívias. Seutônio informa-nos que Cláudio mandou executar trinta senadores e mais de trezentos cavaleiros.

O acontecimento mais extraordinário do seu tempo foi o casamento público de Messalina, a imperatriz, com um jovem nobre cha-

---
[3] *Biografia Universal*, de Platt, vol. 2, p. 10.

mado Sílio, à beira-mar, durante a ausência temporária do imperador. Aquela mulher depravada, descontente com a ostentação descarada da sua afeição pelo amante, resolvera, por este modo, mostrar o seu desdém por todas as exigências sociais. Casaram-se à vista da cidade inteira, com todas as cerimônias imperiais de costume. Qual não seria a condição moral do povo que podia, com aplauso e sem protesto, presenciar tal conduto nos primeiros lugares da sociedade? Messalina foi executada, e o imperador casou-se com sua sobrinha, que se esforçou por imitar a conduta da tia, e assim envenenou o marido imperial.[4]

Nero sucedeu a Cláudio. Basta o nome *Nero* para completar o catálogo. Parece ter alcançado uma evidência nunca excedida em tudo que é abominável à natureza humana. À noite, frequentava, disfarçado, todos os lugares de libertinagem que havia em Roma; representava publicamente nos teatros. Em estado de nudez, batia-se nos jogos públicos, e, perante a multidão dos espectadores, praticava as maiores obscenidades imagináveis, mas não descritíveis. Mandou incendiar diversos bairros de Roma, e, durante alguns dias, regozijou-se com o terrível espetáculo a que sua barbaridade atroz tinha dado lugar, tocando uma lira e cantando, no alto do seu palácio, a destruição de Troia. Há a passagem onde, tendo falhado um plano seu para afogar a própria mãe, mandou assassiná-la.[5]

Tais foram os principais imperadores de Roma. A continuação deste inquérito seria muito fastidiosa, e o resultado seria o mesmo. Ainda que um Tito, um Nerva e um Trajano se levantassem em intervalos, para variar a história, aparece também um Domiciano, insistindo em ser intitulado *deus*, porém dado ao incesto e a matar moscas; um Cômodo, que desonrou suas irmãs e cortou os narizes aos seus cortesãos, sob pretexto de fazer-lhes a barba; um Caracala, que assassinou a mulher e o próprio irmão nos braços da mãe; e um Haliogábalo que escolheu um senado de mulheres ordinárias, e elevou o seu cavalo à dignidade de cônsul. Esses confirmam as nossas declarações sobre a condição moral e social dos que tinham as rédeas do governo de Roma.

O que está dito dá ideia da condição geral daquela sociedade. Os romanos, como povo, deveriam estar extraordinariamente corrompidos para serem incapazes de se protegerem da tirania e de vícios tão

---

[4] Platt, obra citada, vol. 2, p. 4.
[5] Platt, obra citada, vol. 1, p. 717, etc., vol. 2, pp. 10 e 12.

detestáveis, exercidos pelos seus imperadores. Só a extrema degeneração do povo poderia privá-lo de todos os princípios de moral e de sentimentos sãos, para suportarem tais excessos do poder absoluto. Onde houver uma opinião pública generosa e viril, aí geralmente haverá respeito às leis sociais, pelas exigências da decência, mesmo em estados não tão livres como o era a Roma antiga.

O estado moral de um povo pode ser convenientemente avaliado pelo modo como passa as suas horas de recreio, e pelo caráter das diversões que são do gosto popular. A este respeito, a história nos oferece evidências abundantes sobre a moralidade aviltante do povo romano. Os seus divertimentos consistiam principalmente em jogos públicos, realizados nos espaços coliseus, sempre acompanhados de indecências vergonhosas, ou de horríveis crueldades com perdas de vida Quanto às representações, é suficiente declarar que havia tumultos, quando, pelo respeito ao bem comum, tentavam reformar os abusos. Algumas palavras acerca dos seus jogos cruéis, e particularmente sobre os combates de gladiadores, serão instrutivas.

Em tempos remotos encontra-se o costume de matar animais domésticos, cativos e escravos sobre os túmulos de reis chefes falecidos. Costume que parece ter existido mesmo em nações distantes umas das outras. Esse hábito prevalecia há pouco entre tribos africanas e ameríndias. Poder-se-iam citar numerosos exemplos: Aquiles honrou a pira de seu amigo Patroclus; na pira do rei da Assíria, mencionado por Diodorus, todas as mulheres do rei foram queimadas; os sacrifícios das viúvas indianas, e o funeral do rei de *Ashantee* em 1817, quando três mil seres humanos foram imolados. O costume, porém, era tão do gosto da plebe cruel, que veio a ser um divertimento. Jogos sanguinários e exibições gladiatórias eram populares em Roma já no tempo da república, assumindo, porém, sob os imperadores, uma grandeza que causa espanto e parece impossível.

Os jogos consistiam em lutas entre animais ferozes, ou entre homens e animais, e também entre homens e homens. Vários edifícios eram destinados a essas exibições cruéis. O anfiteatro Flaviano, conhecido como Coliseu, um dos maiores edifícios do mundo antigo, com lotação de cem mil pessoas sentadas, era dedicado especialmente a esse divertimento infernal.

Falemos primeiro dos combates de animais. É de pasmar o número de animais excitados uns contra os outros e mortos. Já no ano 250 a.c. menciona-se a morte de cento e quarenta e dois elefantes num circo;[6] em 168 a.C., sessenta e três panteras e quarenta ursos.[7] Desde esse tempo, combates entre elefantes e leões, leões e touros, ursos e elefantes, ocorriam tão frequentemente que seria fastidioso repetí-los. Contudo, o mal crescia em magnitude à maneira que o império progredia, como se pode deduzir do número não crível de animais mortos. Cem leões foram exibidos por Sulla e destruídos por lanceiros.[8] Em jogos autorizados por Pompeu, em 55 a.C., muitos animais foram mortos, entre os quais há menção de seiscentos leões e vinte elefantes. Júlio César, no seu terceiro consulado, no ano 45, deu um espetáculo semelhante, que durou cinco dias, no qual girafas foram pela primeira vez introduzidas, e homens da Tessália combateram com touros bravos. O hipopótamo, o rinoceronte, o crocodilo e a cobra cascavel foram introduzidos por imperadores subsequentes para incrementar o divertimento. Na inauguração do grande coliseu de Tito, sacrificaram-se cinco mil animais mansos;[9] enquanto Trajano, tido como célebre entre os imperadores romanos, celebrou sua vitória sobre os dacianos matando onze mil animais.[10]

Mas não para aqui. O grande número de animais mortos nesses jogos não era nada se comparado com a multidão de seres humanos assassinados segundo os desejos sanguinários da população. No dizer de um poeta: "Sacrificavam pobres seres humanos / Para dar um feriado aos romanos".

Mencionaremos os combatentes cativos tomados nas guerras e os escravos, ou criminosos condenados. Entre eles apareciam, às vezes, cidadãos livres, que se alugavam para esse fim.

Farrar fornece-nos um esboço verdadeiro destes combates de gladiadores:[11] "E agora entra na arena a garrida plêiade dos gladiadores, com seus trajos e ornamentos ricos e variados. Parando em

---

[6] Plínio, Hist. Nat., VIII, 6.
[7] Lívio, XXXIX, 18.
[8] Sêneca, *De Bréb*. Vit., 13.
[9] Suet., *Titus*, 7, Dion. Cass. LV, 25.
[10] Dion. Cass., LXVIII, 15.
[11] Antigo *Os Cristãos no Coliseu*, no Jornal de Domingo, 1888, p. 145.

frente ao camarote imperial, com os braços levantados estes bravos exclamavam com voz firme: 'Salve César! Nós, que vamos morrer, te saudamos!' Durante todo o dia corre o terrível derramamento de sangue humano; o próprio ar parece repleto de orvalho carmesim e do fumo pesado da carnificina. Agora um gladiador atira o seu laço com hábil certeza e o *mirmilo* desvia-se com um salto de agilidade esplêndida; logo os golpes do atirador (parmularius), chovem no grande escudo de qualquer sabino; depois, os caminheiros (andatae) provocam risos lutando às cegas, com as cabeças metidas em capacetes sem viseiras. Segue-se um combate entre negros, ou entre homens e mulheres, ou entre novos e velhos, ou entre mulheres e pigmeus, ou entre combatentes aleijados e estropiados.

O ar é cortado duma vozearia estrondosa quando se ouve o grito de *Habet!* (Apanhou!), que significa haver sido aplicado algum golpe mortal. Algum desgraçado, deixando cair o seu escudo, bem pode levantar o braço para implorar a piedade, mas o populacho, ébrio de sangue, enlouquecido com o encanto horrível do espetáculo em que seres humanos são feitos em pedaços, não se comove. O valente gladiador, agora caído, pode ter combatido com valor, mas basta haver sido derrotado para não ser perdoado. A turba, de mãos no ar, com o polegar estendido, dizia, em gritaria infernal e confusa, a sentença proferida por todos, incluindo mulheres e crianças: o gladiador vencido tinha de morrer! E morria!".[12]

Muitas vezes os gladiadores eram formados em bandos (gregatim) e lançados uns contra os outros. O povo presenciava, assim, ba-

---

[12] Esta descrição nos faz lembrar um momento que passamos em uma praça de touros em Salamanca. Nunca tínhamos entrado em uma praça de touros em Portugal, mas tendo acompanhado os meus condiscípulos em uma excursão de fim de curso em Salamanca, e sendo-me dito que o principal toureiro dedicava um touro aos estudantes portugueses, acedi a entrar uns momentos no camarote que nos estava reservado. Era o momento psicológico. O *artista* queria ultimar a sorte de morte. O *touro*, porém, arremetia furiosamente e a arena estava coberta de cavalos, uns mortos, outros ainda a espernear. Muitos com as tripas ao sol, e todos cercados por um lago de sangue! O espetáculo repugnou-me, a ponto de me fazer empalidecer. Pois aquela multidão só tinha esse grito, que cresceu até tornar-se ensurdecedor: *Cavalos! Cavalos!* E cavalos lhes foram dados, mas não que eu pudesse continuar a presenciar aquela brutalidade. Como as touradas são o resto do paganismo, bem servem para provar o não cristianismo do povo que ainda as tolera! (N. R.)

Gladiador moribundo

talhas, renhidas, com a excitação de sentidos provindas das terríveis cenas de sangue. E, quando já cansados, davam largas à sua brutalidade, gritando: "Por que é que ele não morre espontaneamente? Por que é que foge da espada? Matai-o! Queimai-o! Desfazei-o!". Para que outros fins serviam os desgraçados? Ou eram escravos e criminosos condenados à morte, ou gladiadores legais. Estes haviam jurado ao seu lanista deixar-se queimar, amarrar, esfaquear, desfazer, conforme fosse preciso. Além disso, anunciara-se nos cartazes, para maior atração do povo, que os combates seriam sem quartel (sine missione). Os criados tocavam com um ferro em brasa nos caídos para ver se estavam mortos ou não.

Seguia-se uma pausa. Por um momento os espectadores, cujo partidarismo cruel se acha altamente excitado, descansavam. Enquanto entre eles sente-se o cheiro de vinho e açafrão, criados vestidos de roupas cinzentas espetam ganchos de ferro nos corpos dos gladiadores mortos, e os arrastam ao *spolarium*, que já se acha quase cheio de cadáveres; outros endireitam a terra, e escravos etíopes espalham serragem ou areia branca sobre as horríveis manchas de sangue coalhado, para evitar que o terreno fique escorregadio.

Feito isso, os portões das jaulas de animais ferozes abrem-se de repente. Para fora salta uma multidão de leões, ursos, panteras e javalis, provocados a um excitamento louco pelo medo, pela fome e pela tortura; atiçados de maneira a se despedaçarem uns aos outros perante o público. Mas o espetáculo ainda não acabou. Depois disto, um desgraçado qualquer, vestido como Múcio Scaevola, queima sua mão na chama sem um grito de dor; outro, imitando Hércules, trepa à sua pira funerária e se reduz à cinzas; outro, à maneira de Laureolo, é dependurado numa cruz e devorado pelas feras: ainda outro miserável é queimado na *túnica molesta*, uma camisa embebida em alcatrão; finalmente, um infeliz é amarrado a um pau e estropiado por um urso faminto; alguns são cobertos com peles de animais bravios e caçados por cães de fila.

Para cúmulo, surgem os gritos ferozes de "Cristãos às feras". Então, um velho, ou uma gentil donzela, permanece imóvel ante o rugido de leões da Líbia que devoram a vítima para gáudio da multidão.

"Enfim o sol se põe sobre o lúgubre feriado romano, no qual milhares de cidadãos ficaram inebriados de deleites com a angústia e a carnificina.

Combate de gladiadores em Pompeia

Eles vão para os seus banquetes ainda intoxicados com os vapores da matança, com o veneno da crueldade sensual a ferver-lhes no sangue, sem um único suspiro de compaixão pela perda de todas aquelas vidas humanas. Seriam inimigos? Não! Só o maldito costume lhes podia haver tisnado os corações, que, presos por uma paixão contagiosa, os fazia insensíveis e surdos à barbárie representada por horrível hecatombe cruel e criminosa. Não, não eram inimigos: eram objetos de divertimento".

Lipsio, grande autoridade nesse assunto, calcula que os combates do Coliseu custavam de vinte a trinta mil almas por mês, e acrescenta que nunca guerra alguma custou tantas vidas como esses jogos. Quando refletimos que a multidão de espectadores incluía todas as classes, desde o imperador ao escravo mais baixo — o nobre, o senador, o sacerdote, a esposa, a virgem — que toda a pompa e pureza, toda a rudeza e brutalidade do império fazia parte da multidão que saciava os olhos de sangue e exultava nos gritos e gemidos dos feridos, não podemos ter dificuldade em calcular a condição moral do povo sob a influência do paganismo no adiantado e civilizado século, ou período de Augusto.[13]

Os limites desta obra impossibilitam-nos de aludir a todos os males do sistema pagão, que são vistos nos seguintes exemplos da de-

---

[13] Vide *Dicionário de Antiguidades de Roma e da Grécia*, de Smith, verbetes *Venatio, Bestiarii* e *Gladiadores*.

A SOCIEDADE SOB INFLUÊNCIA DO PAGANISMO

pravação moral: o praguejar é recomendado, se não pelos preceitos, ao menos pelo exemplo dos melhores moralistas pagãos — especialmente Sócrates, Platão e Sêneca, em cujas obras ocorrem numerosas pragas. Muitos deles não somente advogam o suicídio, como Cícero, Sêneca e outros,[14] mas levavam consigo os meios de se destruírem, como fizeram Demóstenes, Catão, Bruto, Cássio e outros. A verdade entre muitos, e mesmo entre os melhores autores pagãos, era de pouco valor, porque ensinavam que, em muitas ocasiões, "uma mentira era preferível à verdade"! Para fundamentar esta terrível afirmação, Horne cita muitas passagens de escritores pagãos.[15]

Mais uma afirmação acerca da condição moral e social da humanidade sob o sistema pagão, e terminaremos este assunto. A escravidão, sistema de comprar, vender e reter em seu poder seres humanos, vigorava em todo o mundo pagão. Alguns podem objetar que a escravidão era permitida pelo Todo-Poderoso sob os auspícios da Lei. É verdade que a economia mosaica permitia a servidão, porém, a instituição diferia essencialmente do que prevalecia nas nações pagãs.

A servidão entre os judeus provinha, legalmente, do cativeiro na guerra, da insolência ou da incapacidade de fazer a restituição em casos de roubo. No primeiro caso, é muito provável que o cativeiro moderado fosse um ato de misericórdia no tempo de Moisés. As mutilações horríveis e outras crueldades praticadas contra os cativos de nações pagãs tornavam o cativeiro entre os judeus uma situação preferível. Nos outros casos, a escravidão era permitida como castigo; da mesma maneira que a insolvência fraudulenta e o roubo são punidos entre nós, tolhendo-se a liberdade ao criminoso e recolhendo-os à prisão. O ato de escravizar um indivíduo (exceto nos casos acima), ou vendê-lo ou tê-lo como escravo, é punido pela lei de Moisés.[16]

Ao contrário dos escravos entre os pagãos, a Lei Judaica prescrevia que os escravos tinham de ser tratados com humanidade.[17] Este preceito é reforçado pelo argumento: "Porque os filhos de Israel são meus servos, que eu tirei da terra do Egito".

---

[14] Sêneca, *De Irâ*, lib. 3, cap. 15.
[15] Vide Horne, Introdução, vol. pp. 13 e 14.
[16] Êxodo 22.16; Deuteronômio 24.7.
[17] Levítico 25.39-55.

Os escravos não deviam ser punidos severamente; e quando morria um servo, o seu senhor podia sofrer castigo.[18] Se um senhor tirasse um olho, ou um dente ou um membro de seu escravo, este deveria receber a liberdade.[19] Tinham direito ao descanso e a privilégios religiosos em cada dia de sábado ou de festa, de maneira que um sétimo do seu tempo, pelo menos, ficasse livre de trabalho.[20] Deviam ser convidados para certas festas.[21] Deviam receber alimentação adequada.[22] O senhor era obrigado a velar pelo casamento de uma serva, ou tomá-la ou dá-la ao seu filho.[23] O servo de origem hebreia não podia ser escravo mais de seis anos; findos estes, ele devia ser despedido com sua mulher e com presentes de valor considerável.[24] Ainda antes de expirados os seis anos, os escravos podiam resgatar-se ou serem resgatados por outrem, por quantia adequada aos anos de serviços restantes.[25] No ano do Jubileu, ao som das trombetas de prata, todos os servos hebreus ou escravos de nascimento tinham permissão de possuir propriedades.[26]

Um escravo fugido de outra nação, que procurasse refúgio entre os hebreus, devia ser recebido e tratado com caridade e não poderia ser mandado de volta.[27] Vemos, portanto, que os escravos de descendência hebreia eram, entre os judeus, um pouco menos que os aprendizes entre nós. O estrangeiro aprisionado na guerra recebia melhor tratamento que podia esperar se caísse nas mãos dos idólatras.

Não se deve ignorar que a lei mosaica era temporária imperfeita.[28] Como Jesus explicou que o divórcio era permitido por Moisés graças à dureza do coração, assim também a servidão moderada era permitida, devido à cobiça, mas permitida com misericórdia para os cativos.

---

[18] Êxodo 21.20,21.
[19] Êxodo 21.26,27.
[20] Êxodo 20.10; Deuteronômio 5.14.
[21] Deuteronômio 12.5,17,18
[22] Deuteronômio 25.4.
[23] Êxodo 21.8 e seg.
[24] Êxodo 21.2-4; Levítico 25.1-7.
[25] Levítico 25.47-55.
[26] Levítico 25.40; 2 Reis 9.10.
[27] Deuteronômio 23.45,16.
[28] Hebreus 7, 8 e 9.

A SOCIEDADE SOB INFLUÊNCIA DO PAGANISMO

Quanto à escravidão praticada por cristãos professos, diremos algumas palavras no próximo capítulo. Agora passamos a descrever muito resumidamente a condição dos escravos de senhores pagãos, particularmente na Grécia e em Roma.

O costume era mundialmente permitido e aprovado; não há um só filósofo que o tenha reprovado. Muitos dos mais célebres filósofos tinham escravos. Platão, em seu livro *Estado Perfeito*, deseja somente que os gregos não sejam escravizados. Na Ática, um distrito pouco maior que uma província portuguesa, havia em certa ocasião 150.000 escravos. A história informa-nos de que em Roma, um tal Scauro tinha 8.000 escravos, e um senador romano, no reinado de Augusto, quando morreu, deixou 4.116 escravos. No tempo de Júlio César, o número de escravos era superior ao de livres, e essa proporção mais tarde assumiu aspecto tão alarmante na Grécia e em Roma, que os escravos foram proibidos de usar roupa distinta, a fim de não conhecerem a superioridade numérica.

Pelas leis de Roma, os escravos eram considerados "bens móveis": eram comprados, cedidos, trocados, sem restrição alguma, e podiam ser punidos à vontade de seu senhor, assassinados por ele ou por ordem sua. Não possuíam mais direitos legais que um cavalo ou uma vaca. De qualquer tratamento que recebessem, não podiam apelar para nenhum tribunal, salvo se algum cidadão humanitário permitisse que o apelo fosse feito em seu nome. A propriedade do escravo era propriedade do seu senhor. Não se pode dizer que mulher do escravo era também propriedade do seu senhor, por que a lei romana considerava o escravo como incapaz do casamento legal e, portanto, não tinha mulher. Seus filhos pertenciam ao seu senhor e eram vendidos ou trocados. Se tivesse de comparecer ao tribunal, o seu depoimento podia ser arrancado com torturas.

É verdade que houve leis feitas para reprimir a crueldade com escravos; porém, como escravo não tinha o direto de apelar para a lei, de que lhe servia essa lei? Algumas delas mostram a vil condição a que estavam submetidos; uma obrigava os senhores a darem a cada escravo um arrátel de trigo diariamente; outra tirava o direito de mutilação dos membros e da língua; outra suspendia o direito que os senhores tinham de os obrigar a combater com feras nos circos, exigindo, para esse fim, licença das autoridades judiciais; ainda outra proibia a sujeição de escravos à prostituição. De um tal Pólio, cavaleiro do tempo de Augusto, consta que foi censurado por atirar os escravos vivos ao seu lago para alimentar lampeiras, que depois se aprazia em saborear.[29]

Era costume, entre as pessoas de posição, acorrentarem escravos nus nas portas dos seus palácios, como se fossem cães de guarda. A história de Lázaro, apontado no Novo Testamento, é uma alusão a Roma no apogeu de sua civilização: "Os cães vinham lamber-lhe as úlceras". Sim, os cães são mais compassivos que o homem quando este tem o espírito completamente apartado de Deus. Não é uma acusação. O dever daqueles cães de guarda humanos, acorrentados, feridos e sem esperança, era avisar à família no caso de tentativa de assassinato (ocorrência diária naquele tempo). Naturalmente, como a gratidão não poderia influir no escravo, recorriam às ameaças; o cão-vigia seria morto se seu senhor sofresse dano. O escravo tinha de escolher entre a morte pelo assassino, se fosse fiel; ou a morte pelo seu senhor, se não agisse. A história incidentalmente menciona dois destes casos, num dos quais dois escravos de Pedâncio Secundo foram assassinados.[30]

Resumamos o exposto, para o concluir. Apresentamos as principais feições do paganismo, sistema que dominou o mundo no período de Augusto. Descrevemos resumidamente o caráter desse sistema, sua natureza politeísta, sacerdotal e cerimonial. Referimo-nos à crassa obscenidade e falamos da crueldade flagrante de seus ritos. Esforçamo-nos por dar uma ideia real da condição moral e social do mundo sob a influência do paganismo e dos seus efeitos sobre a moralidade e a felicidade das crianças, das mulheres, dos governantes, do povo livre e dos escravos.

O quadro é verdadeiramente negro e revoltante; quem quer que leia a história daqueles tempos com atenção, ficará convencido de que o gênero humano, com poucas exceções, tinha-se tornado o mais

---

[29] Artigo, Pólio Vedius, no *Dicionário Clássico*, de Lempriére.
[30] Tácito, *Anais*, 14, cap. 42 e 44. Os principais fatos concernentes à escravidão foram extraídos da Arqueologia Bíblica, de Jahn; da *Enciclopédia da Sociedade para Difusão de Conhecimentos Úteis*, e do *Tesouro Científico e Literário*, de Maunder, artigo *Escravatura*. Também da *Introdução*, de Horne, vol. 1, pp. 12 e 13.

degradante, o mais pecador, o mais ignorante da verdade, o mais cruel e, enfim, o mais vingativo que é possível imaginar-se. A vingança, tanto pública como particular, chegava a ser uma virtude. A guerra, o morticínio e a violência conferiam as maiores glórias; o pudor e a decadência, tanto pública como particular, tinham desaparecido; a crueldade e a ferocidade do povo era tal que o sangue derramado para seu prazer saciaria uma comunidade de tigres.

Qualquer tentativa de se impedir uma execução provocaria desordens. Além disso, não havia segurança individual: todos, para onde fossem, andavam sempre armados; precaução necessária em vista dos assassinatos e envenenamentos que ocorriam diariamente. O povo não se envergonhava de rogar aos deuses que auxiliassem seus punhais e suas taças de veneno. Os homens desejavam que alguém os viesse libertar, horrorizados que estavam pelo que assistiam. Cada deus que os pagãos podiam inventar ou copiar das nações conquistadas tinha seus altares e os seus templos, e a esses deuses pediam alívio. Desciam da semelhança de Deus para a semelhança do homem corruptível, ou das aves, ou dos quadrúpedes, e deificavam até lugares imundos, moléstias, paixões, bicharia e vícios. Tinham perdido toda a esperança de remédio, de solução.

A opinião de Paulo, já citada, era de que os "homens tinham se tornado mais baixos que os animais mais vis". Plínio escreve: "Não há nada de certo sobre a Terra e nada é tão miserável e, no entanto, tão orgulhoso como o homem". Tácito prevê o fim do mundo, "por causa da corrupção da humanidade". Sêneca escreve: "Tudo está repleto de crime, e o vício abunda em todo o lugar; o mal praticado excede as possibilidades de qualquer remédio; a luta e a confusão tornam-se desesperadas. Ao passo que a luxúria se degenera em pecado, a vergonha está desaparecendo com rapidez; a veneração pelo que é puro e bom é desconhecida; cada um cede aos seus próprios desejos. Os vícios já não permanecem secretos, são públicos; a depravação tem avançado de tal maneira, que a inocência torna-se não somente rara, mas desconhecida".[31]

É difícil imaginar e impossível descrever a corrupção abominável daqueles tempos. "A sociedade", diz Gibbon, "era um caos pútrido de sensualidade". Era um rio do inferno, de paixões diabólicas e

---

[31] Sêneca, *De Irã*, 2, cap. 8.

com sede de sangue como uma horda de animais ferozes. As paixões ultrapassavam as que provocaram a ira do céu, quando Deus cobriu o mundo com água ou destruiu com fogo as cidades da Planície. Paulo, na epístola à igreja que se fundou entre este mesmo povo romano, refere-se a algumas formas de iniquidade praticadas por ele.

Comparando com o nosso tempo, observa-se uma diferença sensível, tanto no que diz respeito à moralidade como à condição social de todas as classes. Agora há mais segurança, mais virtude, mais conforto e mais felicidade na sociedade e na família. A que se deve atribuir tal diferença? Não à civilização, nem ao cultivo das artes e letras, nem ao estudo de filosofia, por que tudo isso tinha chegado à perfeição no mundo antigo, no qual prevalecia, no entanto, depravação e maldade.

O período de Augusto tem se tornado proverbial, como declaramos no princípio, pelo incentivo dado às belas artes, à literatura e à ciência. Não temos hoje escultores cujo trabalho exceda aos de Fídias e Praxíteles; nem arquitetura que se possa dizer superior ao Partenon de Atenas ou ao Fórum de Roma; nem poeta épico como Virgílio, nem lírico como Horácio; de nossos pensadores profundos, nenhum excede a Platão e a Sêneca; também não temos historiadores mais talentosos que os Plínios, os Tácitos, os Salústios e os Plutarcos; nem ator como Róscio; nem orador que exceda a Cícero.

A nossa condição aperfeiçoada deve, portanto, ser atribuída a qualquer outra influência que não a da simples literatura, da civilização ou do cultivo das artes; e a lição que se tira parece ser que o "mundo não conheceu a Deus pela sua sabedoria".[32] As considerações de Blackburn, aplicadas ao grande império Assírio, que quase desapareceu antes da fundação de Roma, são também aplicáveis a Roma e à Grécia, e a todos os impérios pagãos de outrora.

É evidente que a natureza humana entre os assírios não estava, física ou intelectualmente, em um estado infantil, ou atrofiada. Se completarmos as suas formas nas esculturas ou painéis de nossos museus, devemos reconhecer que os seus corpos estavam primorosamente desenvolvidos e que têm o aspecto de uma raça valente, apropriadamente comparada pelo profeta a leões, no seu aspecto e

---

[32] 1 Coríntios 1.21.

porte majestoso. E se notarmos o progresso intelectual, como atestam as suas descobertas da astronomia; o seu gosto pelas artes; os seus conhecimentos e habilidade nas indústrias; o seu poder e aprumo nas armas, devemos confessar que não lhe descobrimos a menor inferioridade intelectual. E apesar de todas estas vantagens, o que eram eles? Avarentos, depravados, bêbados, desordenados, opressivos e cruéis. As cenas de refinamento, esplendor e magnificência que os cercavam, talvez dessem graça e dignidade às suas maneiras, mas não davam pureza ao seu caráter, nem bondade aos seus corações.

Como todas as grandes nações de outrora que os cercavam ou lhes sucederam, os assírios eram vítimas da ignorância, do vício da guerra e do despotismo. O primeiro alvo de todos os governos — a felicidade do povo — nunca foi considerado pelos seus governantes e por consequência, os governados eram os instrumentos dos príncipes sanguinários e dos sacerdotes idólatras, que colocavam a felicidade e a glória nacional em despojos militares e em prosélitos constrangidos. A escravidão que impunham aos seus desgraçados prisioneiros era muitas vezes mais amargas que a morte. É, na realidade, evidente, em face de toda a história, quer de nações, quer de indivíduos, *que o simples conhecimento das artes e das letras* não são suficientes para renovar o coração ou renovar a vida dos que os cultivam. Homens eminentes nas artes e nas letras têm urgido, destituídos de senso moral, e escravos dos vícios.

Não obstante terem vivido entre as cenas mais belas das artes e da natureza, todas as influências suaves e edificantes do que é belo e sublime têm passado por eles em vão, e os países mais belos tem testemunhado os crimes mais repelentes. Conquanto nos regozijemos pelo progresso das artes, da ciência e da literatura entre nós e folguemos de ver os museus, galerias de pintura, escolas de arte, parques, jardins de recreio e zoológicos, tudo destinado ao povo, mesmo sabendo que tais distrações desviam a atenção das massas de coisas grosseiras e prejudiciais, entendemos que tudo isso não impede que sejam os corações altivos e egoístas, sensuais e ímpios; capazes tanto de manifestar misantropia, como rebelião insolente contra o Altíssimo.

"É somente pela influência da Verdade divina no coração que o homem pode ser restaurado à uma feliz conformidade com o caráter moral de Deus".

O CRISTIANISMO E AS CATACUMBAS

"Para alumiar os que estão assentados em trevas e sombra de morte..."
Lucas 1.79

O capítulo anterior foi encerrado no meio da sombra e das trevas da ignorância pagã. Vimos o homem fechando os olhos à luz da religião natural (aquilo que se pode pela natureza conhecer de Deus), perder o último vislumbre da revelação primitiva, passando a apalpar no caminho, completamente incapaz de achar a luz para guiá-lo. Ouvimos as queixas dos homens virtuosos. Notamos a desfaçatez e a depravação dos perversos. Contudo, em meio ao desânimo e ao desespero, existia um pressentimento geral de libertação — um quase que universal anseio ou expectação do surgimento de um libertador. É verdade que esta ideia era indefinida e, por consequência, imperfeitamente apreciada; era, porém, geralmente concebida entre as nações cuja literatura tem, até certo ponto, chegado a nós e, o que é mais notável, a expectação tinha atingido o seu auge no período de Augusto, em que mais referências a essa esperança foram feitas.

Os hindus esperavam outro *Avatar*, ou encarnação do seu deus principal; e esse Avatar tinha mais importância, porque viria modificar os destinos da raça humana. Entre os persas, que seguiam a doutrina de Zoroastro, esperava-se

Sosiosh, o "Homem do Mundo". Os chineses, segundo Confúcio, "deviam buscar o santo do Oeste". O oráculo pitônico (Grécia) e os sacerdotes etruscos (Itália) predisseram sua própria queda. A profetisa Sibila tinha falado da vinda do Senhor na Terra.[1] Os astrólogos caldeus viajaram, como sabemos, para a Judeia, com presentes reais para o esperado Libertador.[2] Herodes, governador da Judeia, participava da mesma expectação e consultou o Sinédrio quanto ao lugar do nascimento do Messias. Sendo informado que um profeta havia predito que seria Belém, mandou matar todas as crianças daquela cidade, pensando, assim, conseguir a destruição do Rei esperado. Judeus devotos, tais como Simeão e Ana, estavam esperando no templo pela vinda do Messias, certos de que o tempo estava próximo.[3]

Assim, vemos que os antigos escritores davam curso à tradição. Astuciosos sacerdotes pagãos e pretensos profetas queriam encaminhar a crença popular para as suas comunicações com o céu; governadores cruéis temiam aquilo que todos previam, e homens e mulheres santas esperavam "a consolação de Israel" e do mundo. Todos eles, tanto os bons como os maus, são testemunhas da esperança prevalecente duma futura intervenção nos destinos do homem.

Roma presta-se especialmente para campo da nossa investigação; como nos legou uma literatura, é de presumir que nela se ache referência especial a essa pressentida libertação do mal. Suetônio, historiador romano, diz: "É persuasão antiga e fixa, predominante no Oriente, estar predestinado que alguém se levantará na Judeia, para estabelecer um império *"universal"*.[4] Tácito escreve: "Muitos estavam persuadidos de que nos livros antigos dos sacerdotes estava declarado que naquele tempo o Oriente prevaleceria e que alguém havia de vir da Judeia, e possuir o predomínio".[5] Josefo e Fílon declaram saber que existia a mesma expectação.

Pelo tempo em que nasceu Augusto — cerca de 60 a.C. — a vinda anunciada de um rei, conquistador ou libertador, que já havia passado a provérbio, foi citada no Senado e tornou-se assunto dos poetas.

---

[1] *Religião Genuína e Espúria*, de Muhleisen, vol. 1, p. 185.
[2] Mateus 2.1,2.
[3] Lucas 2.25-35,36-38.
[4] Suetônio, *Vespasiano*, cap. 4.
[5] Tácito, *Anais*, v.13.

Virgílio escreveu uma pastoral cumprimentando o cônsul romano Póllio, ao qual já nos referimos, pelo nascimento de um filho, a quem, em sentido lisonjeador, descreve como o libertador predito. Diz-se que a substância da pastoral foi plagiada de uma profecia dita por Sibila. Eis sua tradução: "As nações discordes ele em paz unirá / E à virtude toda a humanidade guiará".[6]

Como outra indicação desta predominante expectação, ao ser predito por Nigídio Figulo, astrólogo e matemático, o nascimento do imperador Augusto, foi também profetizado que ele seria o senhor da terra. De fato foi deificado durante a vida pelos seus aduladores, que lhe erigiram templos e a sua adoração foi estabelecida; o seu nome, originalmente Otaviano, foi alterado para Augusto (sagrado) e, na língua grega, para Sebastos (adorável). O oitavo mês do nosso calendário ainda é chamado Agosto em honra de Augusto.

Tais eram as aspirações predominantes dos homens bons, os temores dos maus e o orgulho dos ambiciosos quanto à vinda de um rei ou libertador. Estas antecipações explicam, e ao mesmo tempo confirmam as profecias da Escritura, ditadas muito antes do acontecimento. Por exemplo, a profecia de Ageu, dita 520 anos a.C: "Porque assim diz o Senhor dos Exércitos: Ainda uma vez, daqui a pouco, e farei tremer os céus, e a terra, e o mar, e a terra seca; e farei tremer todas as nações, e virá o *Desejado de todas as nações*".[7]

No mundo físico, tem-se notado muitas vezes que a escuridão mais intensa precede o raiar do dia: no decurso da história universal tem acontecido, frequentemente, que o período da maior decadência e confusão tem sido senão o presságio de prosperidade e paz. Assim pode-se dizer da época a que este capítulo se refere: a incerteza e perplexidade de espírito, as trevas da atmosfera moral e a violência das tempestades das paixões humanas iam extinguir-se ao raiar da luz, da pureza e da paz. Há cerca de 2010 anos[8] apareceu no nosso mundo uma pessoa maravilhosíssima, que operou uma renovação

---

[6] Virgílio, *Quarta Pastoral*.
[7] Ageu 2.6,7.
[8] Jesus Cristo nasceu cerca de quatro a seis anos antes do começo da era cristã vulgar, porém o dia não está bem determinado. O erro na computação da data ocorreu em 527 da nossa era. Vide *Cronologia*, do Arcebispo Usher.

extraordinária nos sistemas religiosos existentes. Quanto ao nascimento e posição, ocupava a de um artista, segundo nos informam os evangelistas. A tradição nos informa talvez, acertadamente, que seguiu, como seu pai adotivo, ofício de carpinteiro. Algumas versões dos Evangelhos confirmam esta tradição.

O mundo, como dissemos, estava esperando intensamente a vinda de alguém de importância, porém não o esperava entre as camadas humildes da sociedade. O aparecimento a que aludimos atraiu, portanto, pouca atenção. Contudo, esse nascimento foi admiravelmente atestado com prodígios, tais como o aparecimento de uma estrela e visões de anjos. Deu-se na época apontada por Daniel;[9] no lugar indicado por Miqueias;[10] na ocasião o recenseamento dos habitantes da Judeia, mandado fazer por Augusto, imperador romano, que demonstrou oficialmente que, tanto da parte da mãe como da do pai, o recém-nascido era da linhagem da casa real de Davi, da tribo de Judá, da família de Abraão, como estava predito claramente nas Escrituras judaicas.

Não é nossa intenção dar os pormenores dos fatos maravilhosos relacionados com o nascimento, vida e morte de Jesus Cristo. Muitos estão cientes disso; e todos têm facilidade de se informarem, caso queiram. Ele declarou nada menos que isto: ser o Filho de Deus; ser um com Deus; enfim, o Messias, "o Desejado de todas as nações", o Libertador esperado pelos judeus e pelos gentios.

Não queremos argumentar sobre a autenticidade dessas declarações. Muitos as admitem, outros não. Outros têm investigado bem o fundamento em que se apoiam, mas todos admitirão que é um assunto por demais importante para se tratar de forma apressada. Nem as provas nem as evidências se poderão aduzir no pouco espaço que dispomos. Recomendamos, contudo, àqueles que ainda não estudaram o assunto, fazê-lo desejosos de apurar a verdade. A investigação não é proibida a ninguém. Alguns intelectos mais elevados, verdadeiros luminares, tais como Milton, Newton e outros, têm-se entregado a esse estudo e têm aceitado sem reservas a verdade da-

---

[9] Daniel 9.25-27.
[10] Miqueias 5.2.

quelas informações.[11] Propomo-nos tratar aqui dos fatos históricos e da doutrina que Cristo introduziu, e de forma resumida.

Jesus asseverou que a sua missão era curar e salvar um mundo cheio de pecado, ser uma luz para os que estavam nas trevas e guiar todos os que seguissem a sua direção para a paz, para a santidade, para o céu. Passou a vida fazendo bem ao corpo e à alma dos homens, e a propagar, inculcar e explicar as suas doutrinas. Associou-se aos humildes, aos ignorantes, aos necessitados e aos pecadores. Recusou honras reais quando lhe foram oferecidas, e desprezou toda a ideia de governo ou grandeza secular, como impróprios ao seu reino, que declarava ser de natureza espiritual. Morreu, contra a expectativa dos seus seguidores, como malfeitor, às mãos do governo romano, por instigação de seus desapontados compatriotas, os judeus. Mas isso, tanto Ele, como os profetas antes dEle, tinham predito. Tanto na ocasião de sua morte, como do seu nascimento, ocorreram prodígios, tais como terremoto e escuridão sobrenatural numa ocasião em que, segundo as leis da natureza, era impossível haver eclipse do sol.[12] Esses prodígios foram relatados às autoridades de Roma e registrados em seus anais.[13]

Para tornar a sua vida mais assinalada na história do mundo, independente da sua importância sob o ponto de vista religioso, Cristo ressurgiu da sepultura, como tinha predito, apesar da guarda romana, aparecendo repetidas vezes aos seus amigos e seguidores durante quarenta dias, subindo depois para o céu na presença deles.

---

[11] É um fato bem significativo que alguns dos homens mais em evidência em nossos *dias*, tais como chefes de estado, estadistas, diplomatas, generais, professores, etc., honram-se de ter ensinado ou de ensinar ainda nas escolas dominicais as verdades contidas no evangelho.

[12] Todos os eclipses do sol devem suceder por ocasião da lua nova. Jesus Cristo foi crucificado por ocasião da festa da Páscoa, sempre celebrada na lua cheia.

[13] É certo que os prodígios que acompanharam a crucificação não deixaram de ser sabidos em Roma, não obstante a declaração contrária feita por Gibbon na sua obra *Decadência e Queda do Império Romano* (vol. II, p. 379). Tem-se tratado muito dessa falsa declaração, já rebatida por Horne, na sua obra Introdução ao *Estudo Crítico e ao Conhecimento das Escrituras* (vol. I, cap. 3, p. 187). Contudo, não será inútil citar aqui as duas autoridades mais concludentes sobre este ponto. A escuridão e o terremoto são ambos claramente referidos por Celso, o adversário mais implacável e mais astuto do cristianismo como fatos que lhe era impossível negar (*Orígenes contra Celso*, liv. 2, 55, p. 94) e Tertuliano, dirigindo-se aos seus adversários pagãos, diz, sem medode contradição: "No momento da morte de Cristo, a luz do sol desapareceu, e a Terra ficou em escuridão ao meio dia; *maravilha esta relatada* nos vossos próprios anais, e conservada nos vossos arquivos até o dia de hoje" (Tertuliano, Apologia, cap. 21).

A realidade destes fatos é testificada como ainda não o foi outro fato da história. Estes fatos estão citados por testemunhas oculares em não menos de cinco narrações diferentes. Também muitos outros livros, escritos por pessoas que assistiram aos acontecimentos, referem-se a eles e os confirmam. E, o que é digno de nota, as testemunhas destes fatos viajaram por terra e por mar para espalharem a notícia, sem lhes descobrirmos nenhum dos motivos que usualmente influem os homens a agir. Eles nada ganharam com as suas asserções, senão perseguição, insultos e desprezo; muitos deles voluntariamente sacrificavam suas vidas como testemunho da sinceridade das suas afirmações e da sua fé.

Repetimos que nem um outro fato da história foi tão abundantemente comprovado como os fatos que se prendem à vida, morte e ressurreição de Cristo. Aquele que rejeita estas verdades deve estar preparado para assim crer:

Primeiro: que uns cento e vinte indivíduos, pelo menos, combinaram para espalhar uma falsidade com a qual nada lucrariam, mas que lhes podia ocasionar a perda de tudo que o mundo preza, até a própria vida;

Segundo: que tais pessoas, se culpadas de falsidade, inculcavam e exerciam a virtude, coisa não comum;

Terceiro: que todos eles persistiram na afirmação de uma falsidade, em ninguém descobrir a natureza da conspiração ou combinação (se ela porventura existia);

Quarto: que muitos deles selaram o seu testemunho com o próprio sangue, quando a simples confissão do seu erro (se tal tivesse sido), lhes teria poupado a vida.

Que pensais então que está certo: aquele que aceita uma declaração garantida por testemunhas oculares, não contraditadas por aqueles que o teriam feito, se pudessem, ou o homem que rejeita a qualquer testemunho, aceitando todas as consequências de rejeição?

Devemos agora deixar os fatos relativos à introdução ao cristianismo, e considerar, também resumidamente, a natureza da doutrina, ou ensino, introduzido por Cristo, ou seja, caráter do sistema denominado **Cristianismo**. Isto, diga-se de passagem, não admite dúvida quanto à sua realidade. Ainda que mal entendido, e, por isso, deturpado, o cristianismo um fato cuja existência ninguém terá coragem bastante de negar.

Em primeiro lugar, notemos que o cristianismo constitui uma admirável inovação quanto às ideias do mundo, tanto judaico, como pagão. Não era nenhuma adaptação, nem mera reforma; não tinha compromisso algum com o passado. A linguagem de Cristo, em mais de uma ocasião, afirmava claramente: "Eis que faço novas todas as coisas".[14] Ele explicou aos seus estupefatos seguidores, figurativamente, que assim como vinho novo não podia ser posto em odres velhos, nem remendo de pano novo em vestido velho, assim o seu sistema tinha de exceder e pôr de lado todos os sistemas que estavam arruinados, envelhecidos e prontos a desaparecer.[15] A religião cristã efetuou uma *revolução* e não uma restauração, reforma ou reconstrução.

Era um *completo contraste* com o paganismo existente. Um esboço das principais feições dos dois sistemas dará a cada mente uma clara percepção do seu antagonismo.

O paganismo era, como foi explicado, *politeísta*. Cristo ensinou que Deus era *um*. O paganismo representava Deus na semelhança de *objetos visíveis*, como homens corruptíveis, pássaros, animais, quadrúpedes e vermes. O cristianismo, ao contrário, representava-o como *Espírito*, "a quem ninguém jamais viu ou poderá ver"; "eterno, imutável e invisível". O paganismo em seu culto e prática era *formal, externo, cerimonial e local*. Cristo ensinou que daí em diante a religião aceita seria somente a *espiritual*. "Os verdadeiros adoradores adorarão o Pai em espírito e em verdade, porque são estes que o Pai procura para que o adorem".

O paganismo era essencialmente *sacerdotal*. O Cristianismo ensina que não é mais necessário um *sacerdócio medianeiro e sacrificador*, que Cristo abriu um "caminho novo e vital" de acesso a Deus e convida a todos os seus seguidores a chegarem-se a Ele diretamente por Cristo. O paganismo, como o judaísmo, impunha continuamente, por qualquer transgressão, *sacrifícios sem conta*; o Cristianismo ensina que "Cristo foi uma vez só imolado para tirar os pecados de muitos", e que "com *uma só oferenda* fez *perfeitos para sempre* aos que tem santificado". Cristo substituiu os *ritos*, e as *oferendas* cruéis, custosas e enfadonhas, pela fé, operando por *amor a Deus e aos homens*.

---

[14] Apocalipse 21.5.
[15] Lucas 5.36-39.

Em lugar do perdão *comprado*, o único alcançado entre os pagãos por meio de oferendas custosas, Cristo ofereceu salvação e perdão gratuitos ao mais pobre, "sem dinheiro e sem preço". Enquanto o paganismo só introduzia *os abastados, os sábios, e os grandes* nos seus mistérios, Cristo mandou que a sua mensagem fosse levada especialmente aos *pobres*, aos *pecadores* e aos *simples*, e isso mesmo Ele fez. Longe de sancionar a *imoralidade* ou a *sensualidade*, que o paganismo animava e desenvolvia, Cristo ensinou que *até os pensamentos do coração* deveriam ser vigiados e regulados, e que a condescendência com a emoção pecaminosa era equivalente ao pecado em ação; e pronunciou sua benção e promessa aos "limpos de coração".

Longe de permitir a crueldade, Cristo ensinou: "Bem-aventurados os misericordiosos, porque eles alcançarão misericórdia". Longe de louvar a *vingança* ou o *ódio* tão comuns aos pagãos, Cristo ensinou a doutrina até então nunca ouvida. "Eu vos digo: *amai* a vossos inimigos, fazei bem aos que vos têm ódio, e orai pelos que vos perseguem e caluniam". Ele próprio guiou-nos neste difícil caminho orando pelos seus algozes: "Pai, perdoa-lhes, porque não sabem o que fazem". Longe de justificar o *assassinato* em represália, coisa tida como meritória entre os pagãos, Cristo ensinou que quem se irar contra seu irmão sem motivo plausível, ou o insultar, merece o fogo do inferno.

Recapitulando: a guerra, agressiva ou vingativa; o derramamento de sangue, o roubo, a opressão, a escravidão, práticas comuns ao paganismo, Cristo condenou sem reservas. Jesus cortou pela raiz todas as desculpas para tais práticas, pelo mandamento: "Tudo que quereis que os homens vos façam, fazei vós também". E quando alguém lhe perguntou pela definição do termo *próximo*, Cristo respondeu por meio duma parábola: "O teu maior inimigo".[16] Eis um pequeno e imperfeito esboço dos fatos ligados à fundação do cristianismo e do caráter do sistema assim chamado.

O cristianismo diz aos operários: não considereis uma indignidade, mas uma honra, serdes chamados trabalhadores. O trabalho é mais honroso que a ociosidade, ainda mesmo quando ela seja engrandecida com títulos ou justificada com a riqueza. Deus mostrou

---

[16] *Sermão da Montanha*, Mateus 5.7.

respeito pelo trabalho honesto, criando o homem capaz de ser feliz com o trabalho e infeliz sem ele. Deus mandou o nosso comum progenitor cuidar do jardim em que foi colocado e, acima de tudo, permitiu que o seu descendente, Jesus Cristo, passasse a maior parte da vida eterna numa oficina de carpintaria.

Nunca creiais, trabalhadores, em quem vos disser que Deus lançou sobre o homem *a maldição do trabalho*. A nossa estrutura muscular e nervosa contradiz tal afirmação; a própria experiência dos homens a nega e, acima de tudo, a Palavra de Deus repudia essa asserção. A *terra* foi amaldiçoada, sim, pela rebelião do homem. Há mais misericórdia que castigo no trabalho.

O cristianismo, nascido na Judeia, muito breve chegou a Roma, a metrópole do mundo. É desconhecido o tempo exato da sua chegada ali, mas é provável que tivesse sido levado por alguns daqueles três mil cristãos,[17] fruto do sermão de Pedro no dia de Pentecostes, quando ele teve o privilégio de anunciar o reino dos céus àquela multidão vinda de todas as nações que há debaixo do céu.[18] Estamos claramente informados de que havia entre os seus ouvintes romanos, "tanto judeus como prosélitos", isto é, judeus naturais de Roma e prosélitos do Judaísmo de entre os romanos. Seja como for, está bem claro que havia cristãos em Roma durante o reinado de Cláudio ou cerca do ano 52 de nossa era, isto é, vinte e cinco anos depois da morte de Cristo, porque Suetônio, escritor pagão de Roma, diz que os judeus fizeram tumultos em Roma, instigados por Cresto (Cristo), cuja morte ele, como pagão, desconhecia, e que, por isso, foram banidos pelo imperador Cláudio.[19]

Este testemunho pagão concorda exatamente com a declaração de Lucas,[20] de que o apóstolo Paulo achara em Corinto, na Grécia, "um judeu, por nome Áquila, natural do Ponto, que pouco antes havia chegado da Itália, e Priscila, sua mulher, devido a Cláudio ter mandado sair de Roma a todos os judeus". Que Áquila e Priscila eram judeus *cristianizados*, antes de sua saída de Roma, não pode

---

[17] Atos 2.41.
[18] Atos 2.5.
[19] Suetônio, Claudio, cap. 25: "Judeus impulsore Chresto assidue tumultuantes, Roma expulit".
[20] Atos 18.1,2.

haver dúvida, porque não é mencionada a sua conversão em Corinto; eles associaram-se a Paulo no seu trabalho diário de fazer tendas; foram eles que ensinaram a Apolo, mais particularmente, o caminho do Senhor; auxiliaram Paulo nos seus trabalhos apostólicos e tinham uma igreja em sua casa.[21]

O cristianismo tinha-se estabelecido em Roma no reinado de Cláudio, vinte e cinco anos depois da morte de Cristo. Uns cinco ou seis anos mais tarde, cerca dos anos 57 a 59 de nossa era, o apóstolo Paulo escreveu uma carta aos cristãos em Roma, chamada por nós "Epístola aos Romanos". Nessa carta fala do seu forte desejo de os visitar e agradece a Deus porque "em todo o mundo é divulgada a vossa fé".[22] E na parte final da carta manda saudações cristãs a muitas pessoas e famílias, o que evidencia que o cristianismo não podia ter sido ali recentemente estabelecido, pois, então, já havia feito progresso.

Pode não ser de muita importância determinar o período exato em que a religião de Cristo começou a ser conhecida em Roma; porém, cremos que será interessante mostrar a ocasião e a oposição que adveio no reinado de Cláudio, quando considerarmos a situação das catacumbas, e combinarmos os fatos com as circunstâncias concernentes à primeira chegada de Paulo à cidade imperial. Cerca de dois anos depois da data da sua carta, Paulo visitou Roma como prisioneiro, para julgamento, por ter apelado para Nero, o imperador romano.

Se tivermos diante de nós um mapa do Mediterrâneo, poderemos traçar o curso da viagem de Paulo a Roma, como nos informa o último capítulo de Atos dos Apóstolos: de Melita a Malta, onde naufragou, a Siracusa, na costa da Sicília, onde se demorou três dias, daí a Régio, porto meridional da Itália; depois a Puzolo e assim até a Via Ápia, cerca de noventa quilômetros, e às "Três Vendas", cerca de quarenta e oito quilômetros de Roma. A Via Ápia era uma estrada que seguia ao sul de Roma. Note-se que irmãos cristãos vieram encontrar-se com Paulo na praça de Ápio,[23] isto é, a uma distância de noventa quilômetros de caminho, circunstância indicativa da afeição

---

[21] Compara-se Atos 8.2,3,26; Romanos 16.3-5 e 1 Coríntios 16.19.
[22] Romanos 1.8,10,11.
[23] Atos 27.15.

destes novos cristãos pelo apóstolo. Nesta mesma linha da Via Ápia, percorrida por Paulo na sua viagem a Roma, é que se encontravam muitas catacumbas; esconderijos dos cristãos primitivos.

A oposição ao cristianismo, manifestada no reinado de Cláudio, explica a circunstância narrada por Paulo de que ninguém o assistiu na sua primeira defesa, mas que todos o desampararam quando teve de comparecer perante Nero.[24] A presença de judeus naquele mesmo lugar e tempo[25] leva a crer que os cristãos, tendo ainda em conta a sua própria segurança, começavam a buscar refúgio da antipatia popular, da oposição judaica e da perseguição do governo romano nesses esconderijos subterrâneos que se estendiam pelo menos até *vinte e quatro quilômetros de Roma na direção da Via Ápia*. Isto, é claro, não passa de mera suposição; mas poderia explicar como esses irmãos puderam encontrar com Paulo a uma distância tão grande de Roma.

A tempestade da perseguição aos cristãos, tão repetidamente predita pelo seu Senhor e Mestre, estava prestes a começar. Antes do fim do reinado sanguinário do monstro Nero, eles sem dúvida foram compelidos a refugiarem-se nessas covas e cavernas da terra.[26]

Não é nosso propósito seguir a história da Igreja Cristã de Roma nas suas lutas primitivas, nem narrar as perseguições que ela sofreu; basta declarar que o primeiro caso bem fundado de perseguição ocorreu sob o reinado de Nero, cerca do ano 64 da nossa era, após a primeira visita de Paulo a Roma. Tácito narra minuciosamente as circunstâncias; e, sendo pagão, encara o grupo cristão debaixo desse ponto de vista. No décimo ano do reinado de Nero, a cidade foi incendiada, ficando quase totalmente destruída; o fogo durou oito dias, e dos seus quatorze departamentos, somente oito escaparam. Tal foi a indignação do povo que acusava Nero de ter lançado fogo propositadamente, que ele, para se livrar da ira popular, atribuiu o crime aos desprezados cristãos.

São estas as palavras de Tácito:

"A infâmia daquele horrível caso ainda pertencia a Nero. Para fazer desaparecer, sendo possível, este rumor geral, Nero cusou a outros e puniu-os com torturas violentas. Acusou uma raça de gente

---
[24] 2 Timóteo 4.16.
[25] Atos 28.22.
[26] Hebreus 11.38.

detestada pelas suas diabólicas [sic] práticas, que era comumente conhecida pelo nome de cristãos. O autor desta seita era Cristo, que no reinado de Tibério tinha sido punido de morte, como criminoso, pelo procurador Pôncio Pilatos. A princípio só prendiam os que se apresentavam como seguidores dessa seita, depois, prenderam uma *grande multidão* que descobriram, e todos foram condenados à morte, não tanto pelo crime de incendiarem a cidade, mas por serem considerados inimigos do gênero humano.

Executavam-nos de maneira a expô-los ao escárnio e ao desprezo. Alguns eram cobertos de peles de animais selvagens para serem dilacerados pelos cães, outros crucificados; enquanto outros, *untados de matéria combustível*, eram colocados à noite como lampeões, e assim morriam queimados. Para estes espetáculos Nero cedia os seus jardins e ao mesmo tempo promovia aí diversões de circo, até que, afinal estes homens, ainda que realmente criminosos e merecendo castigo exemplar, começaram a atrair comiseração como povo que estava sendo destruído, não tanto por causa do bem público, mas para saciar a crueldade de um homem".[27]

Na sua segunda visita a Roma, Paulo foi morto por Nero.[28] Desta data em diante, a história identifica os cristãos de Roma com as catacumbas. As perseguições reproduziam-se, periodicamente, sob diferentes imperadores durante alguns séculos; muitos dos editos autorizando as perseguições começam por proibir a entrada e o refúgio nestes esconderijos, como nos escritos de Valeriano e Galieno. Mas, ao terminar uma das perseguições, Galieno concedeu aos cristãos uma licença formal para voltarem às Catacumbas.[29]

Mas já é tempo de introduzir os nossos leitores nas catacumbas (berço do cristianismo em Roma), de tomá-los pela mão e guiá-los

---

[27] Tácito, *Anais*, 15, cap. 44.

[28] É pouco crível que o Apóstolo Pedro tivesse parte na fundação da Igreja de Roma. Se tivesse, não teria guardado silêncio absoluto dos seus trabalhos. "Somente Lucas está comigo", escreve Paulo, pouco antes da sua morte. Apesar disso, Paulo e Pedro são representados como tendo sofrido martírio no mesmo dia. Lucas, nos Atos dos Apóstolos, também guarda silêncio sobre a presença de Pedro em Roma. A história dos vinte e cinco anos de episcopados de Pedro em Roma é por demais absurda para merecer refutação. Debaixo da própria sombra do Vaticano, foi recentemente refutada em público a ideia de que Pedro *alguma* vez tivesse estado em Roma.

[29] Maitland, *A Igreja nas Catacumbas*, p. 38; Eusébio, *Hist. Ecles.*, 7, cap 13.

Galeria nas catacumbas

nas sinuosidades, explicando-lhes o que parecer misterioso; tirando lições, à medida que prosseguirmos, e terminando com as reflexões morais que as circunstâncias apresentarem.

A palavra *catacumba* significa, literalmente, uma cavidade subterrânea, mas a aplicação deste vocábulo tem-se limitado a subterrâneos usados para sepulturas, chegando-se a usar, para tais fins, extensas pedreiras nas proximidades de muitas cidades grandes. Assim, em Siracusa, Alexandria, Nápoles e Paris, como também em Roma, existem escavações que foram usadas como sepulturas. As de Roma, contudo, excedem todas as outras por sua extensão, e excedem-nas bastante em interesse, também.

Nos últimos dias da República e durante o reinado dos primeiros Césares, a cidade de Roma cresceu muito em extensão e magnificência. A glória de Augusto é ter "achado Roma tijolo, e a deixado mármore". Exploraram em muitos lugares as pedreiras que circundavam a cidade para tirarem o material necessário a obras públicas. Essas cavidades, especialmente as do morro Esquiline, das quais retiravam areia — não devem ser confundidas com as chamadas "catacumbas cristãs". É claro que elas nunca foram cemitérios cristãos.

No período referido era costume entre os romanos cristãos queimar os seus mortos e conservar somente as cinzas em urnas. Àqueles, porém, que pereciam nas mãos da justiça, ou vítimas do raio ou que se suicidavam, eram-lhes negados os ritos usuais de cremação. As classes mais baixas do povo e os escravos não podiam pagar as honras de uma pira fúnebre. Os seus corpos, portanto, eram lançados sem cerimônia dentro dos poços de areia, onde se putrificavam, com pesar dos habitantes de Roma, por causa do mau cheiro. Esses poços chamavam-se, por isso, *puticuloe*, provavelmente de *putesco*, putrefazer. Estes poços esquilínios, evidentemente, foram cobertos no reinado de Augusto,[30] antes da introdução do cristianismo em Roma, e, portanto, contêm somente cadáveres de pagãos, não havendo necessidade de a eles nos referirmos mais nestas páginas.

Voltamos agora às catacumbas, as galerias escavadas, que eram usadas como esconderijos ou sepulturas exclusivamente por cristãos, como se depreende das inscrições e do fato de serem os mortos en-

---

[30] Horácio, *Sátiras*, 1.8.

terrados ali *inteiros*, separadamente em *loculi* ou sepulturas cavadas, e não reduzidos a cinzas ou amontoados em buracos ou poços, como eram os pagãos. Começaremos a nossa jornada tomando uma das estradas reais que saem de Roma — a Via Flamínia, a Via Ostiensis, ou talvez a melhor de todas, a Via Ápia, e visitaremos a extensa catacumba chamada São Sebastião, que fica naquela parte.

Entraremos por um portal baixo, escuro, sobre uma nave que se ramifica em várias direções, perdendo-se na escuridão que abrange todos os objetos à distância de poucos metros. Porém, acenderemos as nossas velas e tochas e prosseguiremos com cuidado, acompanhados por um guia que conheça alguma coisa das sinuosidades intrincadas daquele labirinto.

As galerias muitas vezes têm dois ou três metros de altura, e, de um a dois de largura, porém algumas vezes são menos espaçosas. Ao redor de nós, fileira sobre fileira, em sucessão sem fim, se observam túmulos roubados do seu conteúdo ou dos quais foram tirados os ladrilhos ou placas que os fechavam. Aqui está um maior que os outros; é um *bisomus*[31] ou sepultura para dois cadáveres. Ali, um corredor ramifica-se para a esquerda; não é seguro atravessá-lo, porque se têm desprendido grandes blocos da abóbada. Também por medida de precaução, visto alguns estranhos terem-se desviado e perdido, não havendo mais notícias deles. Chegamos a uma parte da galeria tão cheia de lixo, que precisamos andar de gatinhas se quisermos explorar alguma coisa a mais nessa direção.

Encontraremos uma escada lúgubre e perigosa, que conduz a um labirinto de galerias e criptas mais para baixo. Se as explorarmos encontraremos o terceiro e algumas vezes o quarto grupo de escavações, umas por baixo das outras. Acha-se aqui um lugar mais largo, espécie de sala ou átrio, donde se ramificam quatro galerias. O teto desse átrio acha-se um pouco abobadado e existe uma corrente que em algum tempo susteve uma lâmpada. Aqui estão os túmulos mais em ordem e com inscrições que se referem a homens e mulheres santas e com esculturas primitivas e desenhos simples de assuntos bíblicos.

---

[31] Palavra híbrida, composta de grego e latim, não encontrada em escritores clássicos, significando *dois corpos*, toma-se como latina nestas páginas e declina-se, portanto, como tal.

AS CATACUMBAS DE ROMA

É o lugar de ajuntamento onde os cristãos primitivos se reuniam para adorarem ao seu Deus e Salvador. Mas o que será que faz o ar mais fresco e a respiração mais fácil neste lugar? A atmosfera não está tão quente, abafadiça e empoeirada. Vede, lá em cima há uma abertura e de lá vem alguma luz; é (uma das *luminárias cripta*, ou poços, que iluminavam e ventilavam estas moradas subterrâneas e que ainda se encontram, com intervalos, perfurando o solo ao redor de Campagna, perto de Roma. Elas indicam a extensão e a direção das galerias subterrâneas.

Com satisfação subiremos agora para o ar livre enquanto vos conto alguma coisa da *extensão* destas catacumbas. Alguns dos cemitérios contêm galerias que se estendem provavelmente a três ou quatro quilômetros, com ramais em diferentes direções. Diz um viajante alemão do século XIX que visitar todas as partes das catacumbas de São Sebastião seria encarregar-se de dar um passeio de mais de trinta quilômetros, parecendo a ele que, se somasse o comprimento de todos os corredores, criptas e galerias, poderia chegar a cento e sessenta quilômetros nesta Roma subterrânea. E no tempo em que ele visitou as catacumbas, já muitas galerias estavam fechadas, por terem morrido algumas pessoas que por ali se tinham perdido.[32]

No ano de 1978, um grupo de oficiais franceses, discípulos ateus de Voltaire e Rousseau, visitaram as catacumbas. Embriagaram-se nas criptas sepulcrais e cantaram os seus hinos bacanais entre os cadáveres dos cristãos, e um deles, um jovem oficial de cavalaria, "que não temia a Deus, nem ao Diabo, pois não cria nem num, nem noutro", resolveu explorar as galerias mais remotas. Mas perdeu-se e foi abandonado pelos seus companheiros. A sua imaginação excitada exagerou os horrores naturais da situação. Andando às apalpadelas na escuridão, ele não tocava senão em paredes úmidas ou em ossos antiquados, que lhe produziam arrepios horrorosos. Via-se condenado a ficar assim enterrado vivo. O seu ceticismo desapareceu nesta hora de perigo: já não podia mais rir-se da morte como um sono eterno. A sua alma ficou cheia de um temor solene. Aquele oficial foi salvo no dia seguinte, mas ficou doente por muito tempo. Quando, porém, se levantou, estava outro inteiramente. Morto na batalha de

---

[32] Keyster, *Viagens na Alemanha*, citado nas *Catacumbas de Roma*, de Macfarlane, p. 64 e seguintes.

Calábria, sete anos depois, acharam perto do seu coração um exemplar do Evangelho.

Ainda em 1837, um grupo de estudantes, com o seu professor, um total de trinta pessoas, entrou nas catacumbas numa excursão em dia feriado, e perderam-se naquele labirinto. Fez-se depois uma busca rigorosa, mas sem resultado algum.

É claro que ainda não foram descobertas e exploradas todas as catacumbas; durante a ocupação de Roma pelos franceses foram feitas novas descobertas e ainda hoje continuam a ser feitas. Um abalizado arquiteto francês trouxe para Paris grandes coleções de desenhos de obra de arte, que foram depois publicados pelo governo francês.

Withrow declara, na sua recente obra, que se conhecem nada menos de quarenta e dois cemitérios subterrâneos semelhantes, muitos dos quais apenas parcialmente acessíveis. Michele de Rossi, de um acurado reconhecimento que fez nas catacumbas de Calixto, computa o comprimento total de todos os corredores daquelas catacumbas em oitocentos e setenta e seis quilômetros, ou seja, muito mais que todo o comprimento de Portugal, de norte a sul.[33] Isto mostra que a Roma subterrânea é maior em extensão que a moderna cidade dos Césares.

À primeira vista, é difícil calcular o vasto número de pessoas, todas cristãs, que acharam sepultura sob a cidade e arredores, em Campagna. Withrow diz: "Acharam-se cerca de setenta mil inscrições; porém é uma pequena fração do todo, pois só uma pequena parte desta metrópole foi explorada". O padre Marchi calcula em dez, cinco de cada lado, o termo médio de sepulturas por cada sete palmos de galeria. Sobre esta base, computou em sete milhões o número total das catacumbas. O cálculo mais apurado, feito por Rossi, é cerca de quatro milhões de sepulturas. É espantoso! Lembremo-nos, porém, que durante trezentos anos, ou dez gerações, toda a população era, ainda a mesma no período primitivo, um número considerável. No tempo das perseguições, também os cristãos eram levados em multidões para os túmulos. Nesta silenciosa cidade dos mortos, vemo-nos cercados por uma "poderosa nuvem de testemunhas", uma multidão que ninguém pode contar, cujos nomes, desprezados na terra, foram inscritos no *Livro da Vida*. Para cada habitante que

---

[33] Withrow, *Catacumbas*, pp. 14 e 15.

hoje pisa o solo de Roma há centenas de habitantes primitivos, cada um na sua tumba, até que venha o dia do arrebatamento.

Agora vamos tratar do *uso e conteúdo das catacumbas*. Eram usadas, como já foi dito, para refúgio nas perseguições que, começando no tempo de Nero, contra os primeiros seguidores de Cristo, continuaram com intervalos, durante os três primeiros séculos, até terminarem no ano 311 por um edito de Galério. Este imperador estava atacado de uma terrível e incurável doença, que nem os médicos nem os ídolos pagãos podiam aliviar. Mandando pedir aos cristãos para orarem por ele, proclamou o edito, que terminou a perseguição pagã contra o cristianismo no império romano. Durante todo aquele longo período, estas cavernas e galerias foram usadas como lugares de sepultura de cristãos romanos, muitos dos quais também ali residiam durante o período em que a fé em Cristo era proscrita e perseguida.

Depois da proclamação do edito de Galério e da profissão do cristianismo por Constantino, pouco tempo depois, seguiu-se, necessariamente, grande mudança quanto ao uso das catacumbas. Os cristãos, não mais membros de uma religião proscrita e perseguida, saíram dos esconderijos, para gozar a luz e respirar o ar puro; aqueles que daí em diante visitaram as catacumbas o fizeram por um sentimento de veneração pelos mártires e pelas pessoas santas, cujos corpos estavam lá enterrados, e, com um grau de superstição facilmente compreendido, faziam cultos nos túmulos, nas capelas das catacumbas, rodeados pelos restos mortais dos outros cristãos. Outros procuravam para os seus mortos queridos uma sepultura entre os túmulos dos cristãos perseguidos, que consideravam com tanta veneração.

Estamos, portanto, preparados para encontrar duas classes de monumentos na nossa visita às catacumbas: os que foram construídos pelos cristãos indefesos durante os primeiros três séculos, e os que foram colocados nas catacumbas durante o tempo da tolerância e do estabelecimento do cristianismo, pelo que as visitaram para ornamentar os túmulos e capelas em honra dos mártires. Entre os primeiros, esperamos encontrar provas de uma fé pura, primitiva e incorrupta, ao passo que entre os últimos, não devemos ficar surpreendidos se encontrarmos indicações daquela decadência da fé e das práticas primitivas que distinguiu a era de prosperidade material da Igreja, tão evidente e notada nos séculos subsequentes.

O CRISTIANISMO E AS CATACUMBAS

O estabelecimento do Cristianismo em Roma foi logo seguido pela erupção daquelas hordas bárbaras que derribaram a cidade de Roma em busca de tesouros, e saquearam as sepulturas das catacumbas até onde elas eram acessíveis. Perdeu-se todo o conhecimento das suas sinuosidades; somente os bandidos e os ladrões utilizavam-se delas, transformando-as num lugar de terror para os pacíficos. A guerra, a comoção intestina e o desacordo social continuaram por muitos séculos em Roma. Com o aumento e excessiva vegetação resultantes perderam-se as entradas das catacumbas. De tempos em tempos algumas eram tapadas com paredes para não serem usadas por ladrões ou conspiradores contra o governo.

Apesar de tudo isso, um mar de luz tem caído sobre as Escrituras Sagradas durante os últimos cem anos. A Assíria, com as suas mais antigas capitais — a cidade de Ninrode, o grande caçador — deixou-nos conhecer a sua história e a sua língua há muito perdidas. O Egito deixou-nos descobrir os seus segredos escritos em hieróglifos, e em letras hieráticas, e confirmou em muitos pontos importantes, as declarações das Escrituras quanto à terra dos Faraós! Sepultadas por séculos, estas testemunhas levantaram-se dos seus túmulos para testificar a autenticidade e a exatidão dos escritos inspirados.

Mas uma nova ressurreição verificou-se no período mais negro da Igreja Cristã: a terra abriu o seu seio, e a primitiva Igreja de Cristo saiu de sua sepultura de séculos, para afirmar a pureza, beleza e poder do cristianismo. A testemunha estava então envolta nos mantos fúnebres de inacessíveis fortalezas, com inscrições em línguas mortas, entendidas por poucos, mas despertou.

AS CATACUMBAS E O SEU TESTEMUNHO

"Errantes pelos desertos, e montes, e pelas covas e cavernas da terra."
Hebreus 11.38

Em meados do século XVI, mil anos após deixarem de servir de cemitério aos cristãos, levantou-se grande interesse pelas catacumbas e pelo seu conteúdo. Por volta do ano de 1578, diversas delas foram desobstruídas, limpas e iluminadas. Naquele tempo, agitava-se na Igreja Romana uma controvérsia a propósito de relíquias; daí a ênfase ao conteúdo desses sepulcros que acabavam de ser redescobertos.

Os arqueólogos prosseguiram nas suas investigações com profundo interesse. Bosio, italiano, explorou por mais de trinta anos essas galerias, colecionando antiguidades e copiando inscrições e pinturas. Morreu ao completar a sua grande obra intitulada *Roma Subterrânea*, publicada postumamente e vertida para o latim por Aringhi. No ano de 1720 foi publicado outro livro por Boldetti sobre as catacumbas; este infatigável explorador também consumiu mais de trinta anos da sua vida nessas investigações subterrâneas.

Bosio e a Boldetti foram seguidos por muitos outros nessas pesquisas: os italianos Bottari, Marangoni e Fabreti e os franceses Angicourt e Raoul Rochette.

Bottari dirigiu-se a Roma com intenção de passar seis meses em estudos; achou-os, porém, tão empolgantes e vastos que permaneceu ali cinquenta anos. Quando morreu, organizava um material para uma obra depois de sua morte. Todos esses trabalhos, escritos em línguas estrangeiras ou mortas, acessíveis somente aos que podem consultar bibliotecas, são pouco conhecidos do público em geral. Muita gratidão se deve, portanto, ao Dr. Carlos Maitland por traduzir para a língua inglesa uma obra instrutiva e profundamente interessante intitulada *A Igreja nas Catacumbas*.[1]

"É difícil agora", diz o autor, "sentir as impressões que tiveram os primeiros exploradores desta cidade subterrânea: uma vasta necrópole, repleta de ossos de santos e mártires, testemunho estupendo de veracidade da história cristã, e, por consequência, do próprio cristianismo. Registro fiel dos sofrimentos da igreja perseguida [...] Agora temos de recorrer aos museus de Roma e às obras dos arqueólogos para compreender o estado das catacumbas naquele tempo, isto devido à remoção de tudo que era móvel para lugares de maior segurança e de acesso mais fácil, e também pela dificuldade de examinar pessoalmente estas galerias perigosas".

Os monumentos, inscrições e outras antiguidades removidas das catacumbas, estão depositados principalmente no Museu do Vaticano em Roma. Lá se encontram diversos sarcófagos, baixos-relevos, inscrições e medalhas; porém, a coleção mais valiosa é a da Galeria Lapidária, um extenso corredor do museu, cujas paredes estão ladrilhadas de inscrições. Há, contudo, um contraste sensível entre as duas paredes que compõem essa passagem: à direita acham-se as inscrições pagãs, e no lado oposto aparecem mais de três mil epitáfios dos primeiros cristãos.

"Consumi", diz Raul Rochette, "dias inteiros neste santuário arqueológico, onde o sagrado e o profano se contemplam nos monumentos escritos, imagem dos dias em que o paganismo e o cristianismo, cada um pondo em ação todo o seu poder, se debatiam em conflito mortal. O tesouro das impressões que recebemos desta imensa coleção de epitáfios cristãos, tirados das sepulturas das catacumbas, e agora colocados nas paredes do Vaticano, é uma fonte inesgotável de prazer e alegria para toda a vida".[2]

---

[1] *The Church in the Catacombs*, descrição da Igreja Primitiva em Roma, ilustrada com relíquias sepulcrais.
[2] Raul Rochett, *Tableau des Catacombs*, p. 10.

AS CATACUMBAS E O SEU TESTEMUNHO

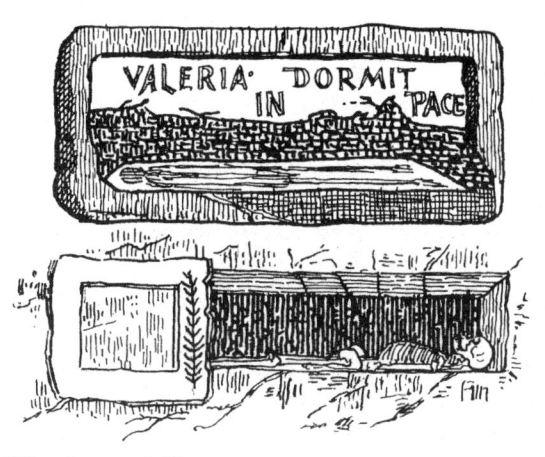

Túmulos e epitáfios

As inscrições neste museu e nos museus contíguos são testemunhas que apresentamos para provar o que era o paganismo do passado e o que é o cristianismo do presente. Não se deve, contudo, julgar que as três mil inscrições da Galeria Lapidária são as únicas que chegaram até nós. Calcula-se que as catacumbas continham *setenta mil inscrições* que foram removidas ou copiadas em diferentes ocasiões,[3] e recentemente já se descobriram mais algumas centenas.

As inscrições acham-se principalmente sobre pedras de granito ou de mármore, usadas para fechar as sepulturas e colocadas de cada lado das galerias. Nas páginas subsequentes há inscrições que trazem luz sobre as sepulturas. O exemplo visto mostra, numa sepultura, um esqueleto quase inteiro; noutra, apenas um pouco de pó, lembrando a sentença proferida sobre os nossos corpos mortais: "Tu és pó, e em pó te hás de tornar". A inscrição na outra sepultura diz *"Valéria dorme aqui em paz"*.

Na pedra inferior distingue-se uma folha e uma palma toscamente desenhadas. O tamanho das pedras medeia entre um e três pés de comprimento e as letras gravadas nelas regulam de um a oito centímetros de altura e são riscadas ou abertas na pedra e o sulco é geralmente cheio de vermelho de Veneza.

Esforçamo-nos por descrever o cristianismo do modo como ele foi introduzido por seu Fundador: o cristianismo do Novo Testamento. Adiando por um pouco de tempo algumas explicações sobre as

---

[3] Maitland, p. 16.

inscrições e os sinais, desejamos salientar um *contraste* que os mudos testemunhos dos túmulos cristãos nos habilitam a traçar entre os sistemas pagão e cristão. É surpreendente a diferença entre como *a morte é encarada pelos seguidores das duas crenças*.

Para o pagão é o término de tudo o que é desejável, gerando nele um sentimento de desânimo ou de vingança contra o Grande Autor da vida. Para o cristão, no entanto, a morte é paz, esperança, previsão de felicidade e indicação de triunfo. Alguém disse com razão: "Voltai-vos nas catacumbas para onde quiserdes: tudo é paz, paz, paz".

Transcreveremos alguns epitáfios para provar a verdade deste dito. Diz assim a inscrição póstuma de um túmulo pagão:

> Eu, Procópia, levanto as minhas mãos
> contra Deus que me levou inocente.
> Ela viveu vinte anos. Proclus erigiu este.

E, de modo bem diferente, trata assim a morte este fragmento retirado de um epitáfio piedoso:

> Deus o deu [...] o tirou [...] bendito!
> [...] do Senhor, que viveu [...] anos em paz,
> no consulado de [...].

Aqui a inscrição pagã considera a morte como uma injúria, externando ressentimento contra Deus. O mesquinho braço do homem levanta-se contra o Grande Árbitro do Universo. O epitáfio cristão, ainda que um simples fragmento, fala de outra maneira. Fala de submissão implícita, de resignação e de paz. "O resto da inscrição", diz o Dr. Maitland, "foi destruído até onde o mármore é destrutível; porém, o sentimento imortal que prevalece na sentença supre a perda. Como uma voz entre os sepulcros, quebrada pelos soluços mais distintamente inteligíveis, as palavras penetram no ouvido: 'O Senhor o deu, o Senhor tirou. Bendito seja o nome do Senhor!'"[4]

---

[4] *The Church in the Catacombs*, de Maitland, p. 14.

Este mausoléu dos cristãos primitivos faz-nos lembrar a prática de inscrever textos nas sepulturas, o que se tornou comum também nas nossas sepulturas modernas. Nota-se outra vez o contraste. Primeiro esta mensagem que selava uma sepultura pagã:

> CAIUS JULIUS MAXIMUS, 2 ANOS E 5 MESES [IDADE].
> OH, INFORTÚNIO IMPLACÁVEL, QUE SE DELEITA EM MORTE CRUEL, POR QUE ME FOI MAXIMUS ARRANCADO TÃO REPENTINAMENTE, AQUELE QUE RECLINAVA NO MEU COLO? ESTA PEDRA AGORA MARCA O SEU TÚMULO.
> EIS A SUA MÃE!

E agora a oblação cristã:

> PETRÔNIA, ESPOSA DE UM DIÁCONO.
> TIPO DE MODÉSTIA. NESTE LUGAR DEITO OS MEUS OSSOS.
> DEIXAI AS VOSSAS LÁGRIMAS, CAROS MARIDO E FILHOS,
> E CREDE QUE É PROIBIDO CHORAR POR UMA QUE VIVE EM DEUS.
> ENTERRADA NO TERCEIRO, ANTES DAS NONAS DE OUTUBRO,
> DURANTE O CONSULADO DE FESTO.

Na inscrição pagã ouve-se a voz da murmuração e do desânimo: a mãe chorando pelo filho, inconformada porque ele não existe. No epitáfio cristão, tudo é diametralmente oposto. O marido e filhos doridos consolam-se com a convicção de que a falecida "vive em Deus". Eles são convidados a enxugar as lágrimas pela afirmação tão bela de que o cristão não deve chorar por que tem a esperança da imortalidade. "Não quero, porém, irmãos que sejais ignorantes acerca dos que já dormem, para que não vos entristeçais, como os demais, que não têm esperança. Porque, se cremos que Jesus morreu e ressuscitou, assim também aos que em Jesus dormem Deus os tornará a trazer com ele".[5]

---

[5] 1 Tessalonicenses 4.13,14.

Onde se pode encontrar um contraste maior em sentimento do que o que existe em monumentos pagãos e cristãos sobre a morte? O paganismo, não obstante a alusão de seus poetas aos Campos Elíseos, para além das negras águas do Estyge, não tinha esperança da imortalidade. Entre os muitos milhares de epitáfios existentes em gabinetes e museus, ainda não se achou uma única alusão a qualquer convicção definida de imortalidade.[6]

Cícero, escrevendo a um amigo a quem havia falecido, um parente, hesita em sugerir consolação baseada da crença na imortalidade da alma. Tudo que ele diz é: "Ainda que possamos conjeturar alguma coisa acerca desta imortalidade, é um assunto tão completamente duvidoso, que não me atrevo a vos apresentar como um meio real e genuíno de consolação".

Um epitáfio que o Dr. Maitland nos apresenta mostra como estava limitado a esta pobre terra o destino pagão e como a vida era tida como um drama que, desempenhado, estava acabado:

> Enquanto vivi, vivi bem. Meu drama terminou, breve terminará o teu. Adeus e aplaude-me.

Que diferente é o sentimento expresso nos seguintes epitáfios das catacumbas; neles a existência separada da alma e a felicidade que se goza após a morte são tidas como certas:

> Nicéforo, una doce alma em descanso.

Outro:

> Lourenço ao dulcíssimo filho Servero, bem merecedor, levado pelos anjos no VII antes dos idos de Janeiro.

---

[6] Numa obra de Basil H. Cooper, *A Igreja Livre da Antiga Cristandade*, está esta asserção abundantemente confirmada. "O autor não encontrou um epitáfio sequer, nessas condições, entre a seleção de mais de 750 mármores de sepulcros registrados na obra de Sell, ou na grande obra de Bockh. *Corpus Inscriptionun Graecorum*". Tom. 1-3 (p. 17, nota).

A mesma ideia está belamente ilustrada na seguinte inscrição no túmulo de um mártir, vitimado durante a perseguição Antonina, que começou por volta do ano 160. O original está decorado com o monograma de Cristo e um ramo de oliveira, e também exibe um vaso de fogo, possível indicação do modo como foi martirizado:

> ALEXANDRE MORTO NÃO ESTÁ, MAS ELE VIVE ACIMA DAS ESTRELAS,
> E SEU CORPO DESCANSA NESTE TÚMULO.
>
> TERMINOU A SUA VIDA SOB O IMPERADOR ANTONINO,
>
> QUE PREVENDO GRANDE BENEFÍCIO DOS SEUS SERVIÇOS,
>
> PAGOU O BEM COM O MAL, PORQUE, QUANDO ESTAVA DE JOELHOS
>
> E PRESTES A ADORAR AO VERDADEIRO DEUS, FOI LEVADO À EXECUÇÃO.
>
> OH, QUE TRISTE TEMPO! NO QUAL, ENTRE RITOS E ORAÇÕES SAGRADAS,
>
> MESMO EM CAVERNAS, NÃO ESTAMOS SEGUROS!
>
> O QUE PODE HAVER DE MAIS DESGRAÇADO DO QUE TAL VIDA
> E DO QUE TAL MORTE,
>
> QUANDO NÃO PODEM SER ENTERRADOS PELOS SEUS AMIGOS
> E PARENTES
>
> MAS BRILHAM NO CÉU?
>
> QUASE NÃO TEM VIVIDO QUEM TEM VIVIDO EM TEMPOS CRISTÃOS.

Há também outros pontos na inscrição dignos de nota. As primeiras palavras "Alexandre morto", apesar de preparar-nos para uma lamentação, são seguidas de uma convicção de glória e imortalidade. O texto fala ainda da insegurança temporal em que os crentes daquele tempo viviam; da dificuldade em se conseguir sepulturas cristãs para os mártires; da certeza de sua recompensa espiritual; e da sentença. É como disse Paulo: "como morrendo e eis que aqui está que vivemos".[7] Verdadeiramente, estas inscrições, mais do que qualquer outro comentário, decifram as palavras da Escritura: "Cristo trouxe à luz a vida e a incorrupção pelo Evangelho".[8]

---

[7] *The Church in the Catacombs*, de Maitland. p. 40 e 2 Coríntios 3.9.
[8] 2 Timóteo 1.10.

Por outro lado, as inscrições pagãs e cristãs, colocadas frente a frente na Galeria Lapidária, são ilustrativas das duas religiões. Do lado pagão encontra-se uma lista orgulhosa de nomes: *nomes, pronomes* e *cognomes*, e de títulos hereditários, imperiais, civis, militares e municipais. O céu inteiro do paganismo está glorificado por altares sem número onde os epítetos de invicto, máximo e melhor são dispensados às sombras indignas que povoavam o Olimpo.

O primeiro golpe de vista à parede oposta basta para mostrar que "não muitos poderosos, não muitos nobres" estão enumerados entre aqueles cujos epitáfios ali se encontram e que aquelas inscrições, na maioria dos casos, são os breves e simples anais dos pobres. O cristão sincero achava suficiente ser reconhecido por aquele nome que lhe pertencia como súdito do reino celestial. "O primeiro nome somente era necessário no cemitério; mas crescendo o número de cristãos, tornou-se mister uma distinção mais clara".[9]

Notem-se as seguintes inscrições:

O LUGAR DE FILEMOM.

VIRGÍNIO POUCO TEMPO ESTEVE CONOSCO.

O LUGAR DE SEVUS PRIMA, PAZ SEJA CONTIGO.

MARTÍRIA, EM PAZ ZÓTICO AQUI POSTO A DORMIR.

O DORMITÓRIO DE ELPES GEMELA DORME EM PAZ.

Resumamos os assuntos que temos considerado, antes de tratarmos das ilações que deles podemos tirar.

Falamos das dúvidas e conflitos tenebrosos da natureza humana, que suspira pela libertação. Descrevemos a previsão do auxílio lá do Alto. Apontamos o cumprimento de todas as esperanças e o aparecimento do "Sol da Justiça" para alumiar os que estão assentados em trevas, e na sombra de morte, a fim de dirigir os nossos pés pelo caminho da paz.[10] Contrastamos o ensino deste Libertador com o ensino pagão de outrora. Falamos da divulgação, mesmo em Roma, capital do mundo, da sua nova e admirável doutrina. Referimo-nos, resumidamente, à sua recepção e ao tratamento cruel que tiveram seus inofensivos seguidores.

---

[9] *The Church in the Catacombs*, de Maitland, pp. 12-15.
[10] Lucas 1.79.

Mostramos a vitória que a fé firme e a paciência sofredora alcançaram sobre as potestades da Terra; penetramos nas suas antigas habitações subterrâneas, usadas como esconderijos;[11] exploramos as suas galerias escuras e emaranhadas; reparamos nos seus túmulos e inscrições, com as quais nos deixaram a expressão simples da fé inabalável e convicta num Senhor e Mestre crucificado e a sua convicção de união com Ele e esperança certa e segura de uma ressurreição dos mortos.

O que nos ensina tudo isto? Prova-nos, sem dúvida, que há um poder irresistível e extraordinário no cristianismo puro.

Reflitamos por alguns momentos no estado dos partidos e sistemas predominantes em Roma, sempre em conflito mortal com os outros, durante a ocupação das catacumbas. De um lado se impunham *todos os poderes do mundo* — os imperadores de Roma, cuja vontade fazia lei; um exército poderoso, toda a riqueza de Roma, todo o talento da filosofia e da ciência assim chamada falsamente; um sacerdócio, cuja influência se estendia a todos os limites do império e cujo poder excedia, talvez, o do próprio imperador; todos os governantes, a grande maioria do povo, e o prestígio da antiguidade a favor de uma religião admiravelmente adaptada ao degenerado coração humano. Do outro lado achamos uns homens pobres, iletrados e desprezados, escondidos em "cavernas da terra", sem armas, ou recusando usá-las; dizimados por perseguições repetidas. Estes opunham-se aos seus inimigos, não com armas carnais, mas abençoando-os e orando por eles. Contudo, achamos mais de um imperador declarando que eram *incorrigíveis*, ou por outras palavras, *invencíveis*.

Por vezes foram publicados editos para exterminar da terra os cristãos. Levantaram até monumentos para celebrar e perpetuar os supostos êxitos das perseguições. Aqui estão duas inscrições desses monumentos em escritos da época:

Diocleciano César Augusto, tendo adotado Galério no Oriente.

A superstição dos cristãos foi destruída em toda parte e propagada a adoração dos deuses.

---

[11] A palavra *cemitério*, que significa *onde se dorme*, foram os cristãos das Catacumbas os primeiros a usá-la.

DIOCLECIANO JÓVIO, E MAXIMIANO HÉRCULES
(CÉSAR AUGUSTO):
O IMPÉRIO ROMANO, AUMENTADO POR TODO O
ORIENTE E OCIDENTE;
O NOME DOS CRISTÃOS, QUE ESTAVAM DERRUBANDO A
REPÚBLICA ROMANA, APAGADO.[12]

Nunca se achou na história do mundo caso tão patente de falta de visão no homem e da irresistibilidade da providência de Deus. Dentro de dez anos, depois do reinado de Diocleciano, a "superstição destruída em toda parte" e o "nome apagado" vieram a ser religião prevalecente e estabelecida no Império Romano. A semente lançada na terra, trazendo já em si a vida divina, regada continuamente com a bênção do céu, brotou logo e mostrou o seu poder, derrubando o sistema degenerado que tinha impedido por certo tempo o seu progresso.

Alguém poderá objetar que, se o cristianismo é divino, por que não chegou mais cedo ao mundo? Para isso a resposta é: Deus é soberano. "Ele opera como quer nos exércitos celestiais, e entre os habitantes da Terra". Ninguém tem o direito de lhe perguntar: "Que fazes?" Mas, além desta resposta geral, há razões evidentes que explicam porque a vinda de Cristo foi retardada.

Não haverá um sinal de sabedoria divina na demora do plano de salvação, até que o homem se convencesse por completo da nulidade dos seus próprios esforços? O homem é tão soberbo, tão cheio de si, que foi uma lição deixá-lo experimentar uma religião sua, cheia das suas ideias, antes de Deus intervir a seu favor. Não é isso o que fazemos com os que entre nós se mostram orgulhosos? "Deixai-os andar à vontade", dizemos, "que experimentem os seus próprios remédios; e quando descobrirem que precisam de auxílio, o aceitarão de bom grado".

Pensamos que, quando se passarem mais alguns milhares de anos, que para Deus são como um dia, todos admitirão que a agitada infância deste mundo e sua desordem moral foram tão úteis quanto as convulsões caóticas da Terra em séculos passados, que agora suprem nossas necessidades, alimentando o nosso conforto e con-

---

[12] Segundo Guter, estas inscrições foram encontradas na Espanha em suas colunas. São citadas na *General Church History*, de Neander (vol. 1, p. 210).

tribuindo para o progresso humano. Podíamos mostrar, se o espaço nos permitisse, que o período escolhido para a missão de Cristo foi admiravelmente adaptado ao seu objetivo.

O mundo tinha vindo a ficar sob o domínio de um único imperador, cuja política tolerava todas as religiões. De maneira que o cristianismo foi levado, no princípio, às ardentes areias da Índia, bem como às neves da Sibéria. As Escrituras e profecias judaicas tinham sido traduzidas para o grego, e a literatura daquela nação culta tinha sido profusamente espalhada por todo o mundo. As desgraças que tinham sobrevindo à Palestina haviam espalhado os judeus por "todas as nações debaixo do céu". Todas estas circunstâncias concorreram para propagar mais o cristianismo, ao mesmo tempo em que indicavam a "plenitude dos tempos".

Outros poderão dizer: se o cristianismo era de Deus, por que não derrubou logo o paganismo e não o destruiu completa e imediatamente? Deus não procede, em geral, assim, nem no mundo material, nem no espiritual. Os terremotos e tufões não são os seus meios *ordinários*, mas *extraordinários*. A razão por que Deus não faz assim não é da nossa conta; contudo, poderemos estudar suas obras na natureza, e acharemos que concordam com as obras da sua providência. "Deus tem a eternidade perante si", diz Santo Agostinho, "e pode esperar". O seu tempo não é limitado como o do homem, que, se tem alguma coisa a fazer, quer fazê-la logo, pois a noite vem. Não é assim com Deus: Ele opera em nosso pensar, *deliberada, segura* e *irresistivelmente*.

Consideremos um exemplo da sua maneira de proceder: as colônias de celenterado marinho amontoam-se umas sobre as outras por milênios e vão emergindo das águas, recifes e corais. As aves marinhas pousam nesses recifes e as ervas do mar são atiradas sobre elas e contribuem para a formação de um solo; a ação vulcânica, muito ao fundo, transforma a superfície em morros e vales. Uma ave deixa cair uma semente aqui, uma onda atira outra a uma praia, e uma graciosa palmeira, a útil fruta-pão e a laranjeira levantam-se e, com outras, formam uma floresta. Porém, passaram-se milhares de anos desde que a obra teve início.

Repare-se ainda nisto: uma canoa é levada para fora de seu curso pela corrente. Uma ilha povoa-se, os seus habitantes estão nus, são selvagens, idólatras e sanguinários; e passam-se outros mil anos. Outra vez muda a cena; acha-se a vista um navio estranho, que larga um bote; desembarcam homens civilizados, que fazem tratado de paz e de reciprocidade. Os habitantes vestem-se e edificam habitações convenientes; faz- se uma linguagem escrita. Monta-se uma tipografia; imprime-se o Livro da verdade: a vida é regulada por ele. Por isso, "lançaram os seus ídolos de prata às toupeiras e aos morcegos".[13] "Destruíram os seus altares sangrentos; converteram as suas espadas em enxadões e as suas lanças em foices".[14] O propósito de Deus cumpriu-se, porém passaram-se milhares de milhares de anos!

Não devemos contar os anos de Deus como contaríamos os poucos dias a nós reservados. "Não retarda o Senhor a sua promessa como alguns entendem".[15] Tenhamos cuidado de não querer medir com o nosso fraco alcance a profundidade do infinito e a extensão e a largura da eternidade, lembrando que os juízos de Deus são muito profundos. Aprendamos, portanto, que quando Deus trabalha ninguém o pode impedir; contudo, Ele trabalha como o Eterno Deus.

Assim trabalhou Ele e assim ainda trabalha com relação ao cristianismo, agência divinamente planejada para a regeneração do mundo. Lançou fora o paganismo do império romano. Está operando agora no paganismo Oriental e Ocidental e minando e suplantando as religiões falsas e as superstições de todo o mundo.

Concluindo, devemos ser gratos pelo que o cristianismo tem alcançado. Teria feito mais, se não fosse o que se deu e que assinalamos no capítulo anterior; mesmo assim, os seus efeitos benéficos estão de tal modo evidentes que requerem a nossa gratidão.

O paganismo já foi lançado fora de entre nós com sua crueldade, seus sacrifícios humanos e seus ritos revoltantes. Os horrores da guerra estão moderados. Em lugar do infanticídio sistemático, temos maternidades para as mães; e abrigos para os órfãos abandonados. Agora estende-se a misericórdia aos pobres e infelizes. Temos refúgios para os extraviados, idiotas e dementes; hospitais para os feridos, doentes e moribundos. O suicídio e a vingança, outrora considerados atos dignos, são agora humilhantes e ilegais.

---

[13] Isaías 2.20.
[14] Isaías 2.4.
[15] 2 Pedro 2.9.

A mulher tem sido elevada ao nível que lhe foi designada; em vez de um estorvo e escrava do homem, é hoje entre nós igual a ele; é o ornamento e a felicidade da casa. E quanto a nós, como parte integrante de uma grande massa de povo, quanto tem o cristianismo melhorado nossa posição e nosso caráter moral!

Se tivéssemos vivido naquele tempo de trevas do paganismo, como nos divertiríamos? Com toda a probabilidade estaríamos apreciando cenas sanguinárias ou fazendo pouco caso dos gritos e gemidos dos desamparados, dos feridos e moribundos. Talvez estivéssemos gritando "Cristãos às feras!". Ou estaríamos fazendo distúrbios, por que alguma nova vítima que tivesse de ser despedaçada com os *ungulae*,[16] nos fora negada. Se não fosse a graça de Deus, seríamos indiferentes aos sofrimentos humanos; estaríamos impregnados como dos sentimentos da época, e repetidamente ordenando a execução de qualquer criatura, talvez já tão desgraçada que dificilmente pudesse considerar a morte como um mal. Ou se, iluminados pela luz do Evangelho brilhando em nossos corações, ocupássemos a posição mais invejável de vítimas, estaríamos a servir de divertimento a todas as classes sociais da Roma pagã, dando a nossa vida no seu Coliseu.

Alguns poderão objetar que a *escravatura* foi praticada há pouco tempo em alguns países por pessoas que se diziam cristãs, tendo sido acompanhada de muitas das suas formas mais revoltantes. Não o podemos negar. Quem pode ignorar esse fato doloroso? A incongruência era, porém, tão evidente que causou os mais veementes protestos. O adversário do cristianismo tem razão de apontar essa chaga.

Mas a verdade é que logo que o cristianismo obteve poder na terra, principiou a minorar males que não podia imediatamente subjugar. A libertação dos escravos era tão considerada entre os cristãos, que o primeiro imperador cristão honrou o ato, exigindo que as emancipações fossem anunciadas pelo bispo perante a Igreja reunida. A escravatura caiu no mundo — não repentinamente, mas pouco a pouco — à medida que o cristianismo se espalhava.

No período numérico de Augusto, calcula-se que cerca da metade dos vinte e oito milhões de europeus gemeram debaixo da mais

---

[16] Instrumentos de ferro, semelhante a uma garra ou mão, usado para rasgar e dilacerar as carnes.

cruel escravatura. Atenas, a cidade mais refinada do mundo — o decantado centro da liberdade —, no auge de sua prosperidade contava com 421.000 habitantes. Desses, 400.000 eram escravos!

Do predomínio numérico de escravos sobre livres em Roma, já falamos. Onde estão os escravos agora? Se viajarmos das Colunas de Hércules ao Danúbio, e do extremo norte ao sul da Itália, não acharemos um único escravo na Europa. O mesmo pode-se dizer da América.

Há outro fato: o cristianismo, como é bem conhecido, não conservou o seu estado primitivo. O ouro fino escureceu; e muitos dos antigos males voltaram a afligir a humanidade; entre eles a escravidão, que voltou ao seu tráfico habitual.

O tráfico de escravos na África reapareceu, e muitas nações que professavam o cristianismo sustentaram esse tráfico legalizado de carne humana. Porém, isso não foi consentido sem protestos, o que nunca acontecera nos tempos pagãos; os defensores do erro estavam condenados a ouvir as murmurações e as queixas, e mais tarde, os protestos de indignação e as denúncias do crime de políticos e patriotas.

E o resultado aí está: a escravidão foi abolida por todas as nações cristãs, embora que, para isso, algumas tivessem de fazer sacrifícios.

A escravidão agora é repelida por todos os estados cristãos, existindo mesmo entre eles tratados de cooperação para impedir esse mal nos outros estados. Tão certo como o nascer do sol dispersa as trevas, a sublime doutrina do "Sol da Justiça" proclamou a "liberdade ao cativo e abriu prisão aos que se achavam prisioneiros".

Se o Cristianismo efetua tais mudanças nos hábitos, gostos e condições do homem, se tem realizado tudo que indiquei neste capítulo — e a minha consciência não me acusa de ter exagerado os seus resultados — então direi em conclusão: não rejeitemos levianamente o seu direito a ser considerado religião divina. Antes mostremos a nossa gratidão, estudando com maior fervor o seu caráter e penetrando mais profundamente o seu espírito, ao mesmo tempo descansando sem hesitação no seu poder para realizar a felicidade na terra.

Selo Cristão primitivo

OS EPITÁFIOS DAS CATACUMBAS

"Pela fé, venceram reinos, praticaram a justiça...
da fraqueza tiraram forças..."
Hebreus 11.33,34

Quando nos lembramos que Paulo nos diz[1] que "chamados não foram muitos os sábios segundo a carne, nem muitos os poderosos, nem muitos os nobres" para professar o cristianismo, estamos preparados para achar que as inscrições das catacumbas não devem ser estudadas como modelos de elegância clássica; pelo contrário, são muitas vezes simples em extremo e denunciam a ignorância daqueles que as ditaram e dos que executaram o trabalho.

Em certo caso a inscrição foi feita de modo inverso, exceto a letra n, de maneira que deverá ser lida de trás para diante, a fim de se conseguir o sentido. É um epitáfio levantado a Elia Vincentia, Mulher de Virgínio. O marido, ainda vivia quando a inscrição foi feita, não deveria saber ler e não parece ter tido amigo capaz de apontar-lhe o erro. Geralmente acha-se a ortografia muito defeituosa e a sintaxe muitas vezes tão errada como a ortografia, e por isso é frequentemente difícil apanhar o sentido. Com muita frequência colocam B em lugar de V. Há, por exemplo, a seguinte inscrição:

---

[1] 1 Coríntios 1.26.

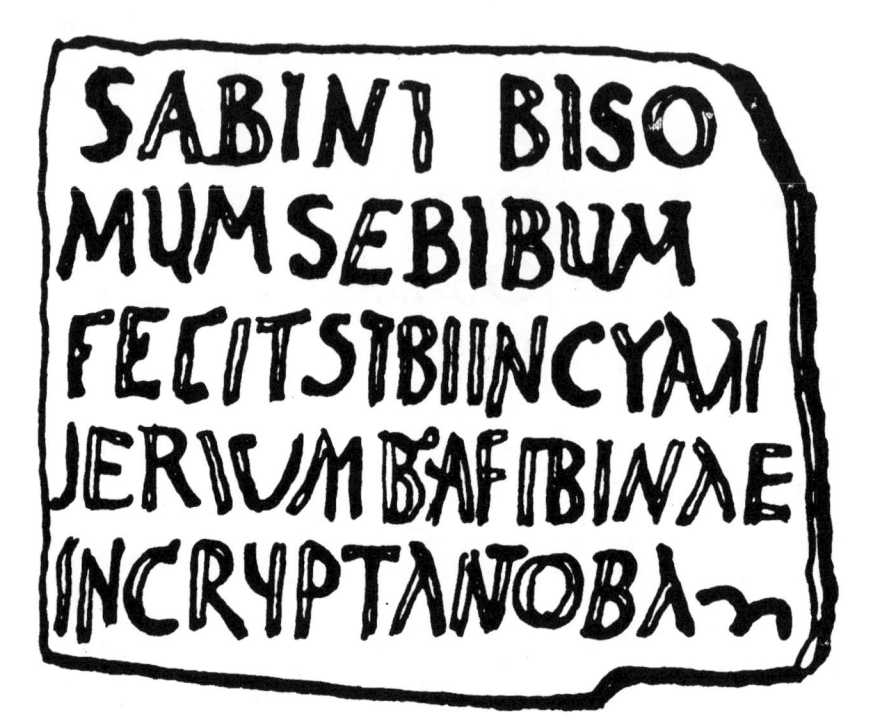

```
SABINI BISO
MUMSEBIBUM
FECITSIBIINCYMI
IERIUM BAFIBINAE
INCRYPTANOBA
```

Sabini biso mum se bibum fecit sibi in cymiierium BR aftbinae in crypta noba

O sentido é: "Bisomo [sepultura dupla] de Sabino; ele mesmo a fez durante a sua vida, no cemitério de Balbina na nova cripta".

Aqui há o *b* colocado em lugar de *v* em bibum; *um* em lugar de *o*, como terminação da mesma palavra, que deveria ser vivo; cemitério está escrito *cymiierium: Balbinae*, está escrito bem, exceto o *l*, que está às avessas. Um crítico mal informado intercalou um *r* e um *f*, o que tornou a emenda pior que o soneto; na palavra nova, o *v* está substituído por um *b*.

Não falaremos mais sobre a parte literária, pois há matéria mais importante e mais interessante que precisa da nossa atenção. Diremos somente que palavras ditadas em grego acham-se muitas vezes escritas com letras romanas, ao passo que palavras romanas aparecem também muitas vezes escritas em letras gregas. Por vezes as suas línguas acham-se misturadas. Assim: PRIMA IRENE SOE é grego em letras latinas, querendo dizer: "Prima, paz seja contigo!".

Não parece ter sido costume colocar datas em sepulturas; muitas delas, contudo, dão os nomes dos cônsules romanos reinantes, por onde se podem descobrir as datas, visto terem chegado até nós as listas dos cônsules. A pedra mais antiga contendo a data consular parece ter sido erigida no ano 71, isto é, cerca de 36 anos depois da morte de Cristo. Outras datam dos anos 107 e 111, pouco depois da morte do discípulo amado, João. Há vinte e três epitáfios datados do século III; mais de quinhentos do IV e outros tantos do V; e cerca de trezentos datados da primeira parte do VI; somente sete epitáfios representam o século VII. Daqui não se deve concluir que nenhum cristão fosse enterrado nas catacumbas antes do ano 71, apesar de não se encontrar data anterior mencionada. Milhares de sepulturas nada mais contêm do que um nome e algum símbolo de fé em Cristo ou de esperança na ressurreição.

Withrow informa que das onze mil inscrições existentes, somente 1384 têm datas. Estabelece mais, que Rossi chegou à conclusão de que cerca de seis mil epitáfios pertencem aos primeiros quatro séculos e foram encontrados nas catacumbas.[2] As inscrições cristãs quase em geral nada mencionam sobre o lugar do nascimento ou a pátria dos falecidos, como que em reconhecimento de que a verdadeira pátria dos cristãos é além-túmulo. No índice de Epitáfios de Esquire, de cinco mil, somente quarenta e cinco mencionam a nacionalidade dos falecidos.[3]

Havia uma corporação cujo fim era fazer as sepulturas e tratar de tudo que dizia respeito aos enterros. Chamavam-se *fossors*. Veio a ser uma corporação regularmente organizada de coveiros e guias, e provavelmente tomavam conta das lâmpadas que se têm achado em nichos ou em pedras a intervalos certos. Os *fossors* não somente faziam túmulos, mas vendiam-nos também.

A pintura reproduzida na gravura desta página é da catacumba de Calixto e a inscrição no alto diz assim:

---

[2] Withrow, p. 408 e 409.
[3] Withrow, p. 412.

Diógenes o Fossor. Enterrado em paz antes das calendas de outubro.

O *fossor* representado na pintura tem em uma das mãos uma picareta e na outra uma lâmpada provida de um gancho para espetar na parede; no chão estão as ferramentas próprias do ofício: ferramentas cortantes, martelo e compassos para marcar as sepulturas. O vão atrás representa sepulturas cobertas das respectivas pedras. Aos pés está uma sepultura aberta. O X grego na sua roupa, a letra inicial do nome de Cristo, que indica a profissão cristã; e as pombas com os ramos de oliveira simbolizam a paz em que aquele *fossor* descansa.

A outra gravura na página representa uma pedra que nos diz que os *fossors* ou coveiros vendiam e faziam cessão de sepulturas, e também nos dá uma ideia dos preços que se pagavam.

```
EMPTVM · LOCVM · A BARTEMISTVM
VISOMVM HOC · EST · ET · PREMVM
DATVM A FOSSORI · HILARO · ID · EST
FOL N  ⋈  O  PRESENTIA
                        SEVERI
FOSS · ET · LAVRENT
```

Lugar comprado por Bartemistus, isto é, um bisomo, e o preço pago ao coveiro Hilário, a quantia de mil e quatrocentos foles na presença dos coveiros Sevério e Lourenço.

Esta forma de trespasse, perfeita e concisa, poderia ser estudada com vantagem pelos nossos modernos tabeliães. O preço pago pela sepultura seria em ouro uma libra e um oitavo de libra. Calculando pelo câmbio do dia é fácil ter o preço aproximado.

Já fiz notar que poucas pessoas de alta cultura aceitaram a Cristo nos primeiros tempos da Igreja, e por isso muitos não sabiam ler as inscrições. Como podiam então os amigos e sobreviventes distinguir as sepulturas daqueles que amaram e por quem choravam? Serviam-se de *pinturas, símbolos* ou *sinais*. Isto é muito claro, porque a ligação dum símbolo com o nome ou profissão da pessoa enterrada facilmente se achava em muitos casos. E por isso se chamam *símbolos fonéticos*.

Como exemplo, seguem-se quatro epitáfios destes, tendo cada um algum símbolo em adiantamento à inscrição:

Navira em paz — uma alma bondosa que viveu dezesseis anos e cinco meses — uma alma doce como o mel — este epitáfio foi feito por seus pais — o sinal: um navio.

Navis é o latim para navio, e navio é o melhor símbolo fonético para Navira, o nome da falecida. Outro:

Pôncio Leão fez isto para si quando vivia. Ele e sua mulher Pôncia Máxima fizeram isto para o seu abençoado filho, Apolinário.

Leo é o latim para leão, e um leão é usado aqui para mostrar o túmulo de Pôncio Leão e de seu filho.

Outra inscrição, com dois barris, que diz assim:

Doliens pai e Júlio seu filho

Dolium é o latim para barril; e assim pregaram o barril para simbolizar o nome de Doliens.

Agora vamos ver uma inscrição com um porco, e achamos que é o túmulo de uma menina chamada Porcela, que em latim significa leitão. É esta:

Aqui jaz em paz Porcela; viveu dez anos, dez meses e treze dias

Alguns escritores católicos romanos têm inventado muitas histórias supersticiosas para explicar estes símbolos, nos quais queriam ver representações de martírio. O progresso da ciência histórica tem, contudo, posto de parte todas essas invenções.

Era costume em muitas nações antigas indicar a profissão dos falecidos por meio de ferramentas e de símbolos pintados nos túmulos. Às vezes colocavam também esses símbolos dentro das sepulturas. Isto explica o aparecimento de tais objetos nas catacumbas e também os símbolos representados nas lápides, referindo-se evidentemente às profissões ou ofícios dos falecidos.

Aqui está uma lápide com a inscrição:

Bauto e Máxima fizeram isto durante a sua vida.

A serra, o formão e a enxó aqui gravados indicam que Bauto tinha sido carpinteiro.

Outra, com dois malhos e uma faca, é a sepultura de pessoa cujo ofício não se pode determinar com precisão. Diz assim:

Constância, sepultada em paz, no dia do Senhor, sexto dia antes das calendas de julho, no quinto consulado de Honório Augusto. À digna, em paz.

A data desta sepultura, ano 402, já depois de terem cessado as perseguições, prova que os símbolos não tinham nenhuma relação com os martírios.

Uma lápide quebrada com a simples inscrição o LUGAR DE ADEODATUS, continha desenhos de instrumentos de cardador de lã.

Outra vez, a VENÉRIA, EM PAZ, parecia indicar que tinha o mesmo ofício, que era muito comum em Roma, onde quase todas as classes usavam roupas de lã.

Outra lápide, erigida à mulher de um sapateiro, tinha duas chinelas gravadas. A inscrição, de que falta a primeira linha diz:

Vinte e sete anos, seis meses, onze dias e oito horas. Marciano à sua mui digna mulher em paz.

Outra pedra apresenta o rascunho de uma medida de alqueire, cheia de grão, que parecia indicar que cobria a sepultura de uma pessoa negociante de trigo e diz assim:

Victoria, em paz, e em Cristo

Bastará apenas mais uma ilustração sobre este assunto: Uma pedra que representa um escultor trabalhando num sarcófago; um rapaz o está ajudando; fazendo mover uma pua empregada para bloquear pedra; os outros instrumentos do ofício estão no chão. O outro sarcófago concluído e tendo um nome que concorda com o nome da inscrição informa-nos que Eutropos era escultor e fabricante de mausoléus. Está em atitude de orar, com uma taça na mão. A inscrição, que é em grego, diz:

O santo adorador de Deus, Eutropo, em paz. Feito por seu filho. Morreu na décima calenda de setembro.

Seria curioso procurarmos saber até que ponto este sistema de inscrever, simbolicamente, nomes e profissões, levou à adoração geral de símbolos familiares, tais como brazões, etc., que muitas vezes lembram qualquer ação desempenhada pela família ou alusiva ao nome, ocupação ou história da pessoa; mas isso não faz parte do nosso programa. Esta prática, mais tarde reduzida a sistema a que chamamos ciência heráldica, tem sido atribuída ao costume de usar símbolos nos escudos dos que, na Idade Média, tomavam parte nas Cruzadas à Terra Santa.

É, porém, bem evidente que esse costume não foi originado nessa ocasião; apenas reviveu então, porque existem traços dele não somente nas catacumbas de Roma, mas também nos túmulos dos cristãos armênios até hoje. Foi adotado por famílias abastadas no tempo de Augusto, por Mecenas, cujo brasão era uma rã. Também tem sido notado nas sepulturas dos reis do Egito e nos cilindros e selos da antiga Assíria.

OS EPITÁFIOS DAS CATACUMBAS

Há outra classe mais interessante de símbolos, predominante nas catacumbas, isto é, a que se refere à *crença religiosa* dos cristãos primitivos.

Ignorantes como eram, não sabendo ler nem escrever, e perseguidos por causa da sua fé em Cristo, era necessário que procurassem algum símbolo que os habilitasse a exprimir a sua crença e que fosse ao mesmo tempo ininteligível para os seus perseguidores. Daí nasceu o uso de dois símbolos: um chamado "o Peixe" e outro "o Monograma", compostos de mais de uma letra. Crê-se agora que o símbolo do Peixe entrou primeiro em uso, e que o Monograma foi adotado depois do imperador Constantino.

O símbolo do peixe, referente à fé em Cristo, teria sido difícil de decifrar, se não fossem as inscrições com a palavra grega ΙΧΘΥΣ, que significa peixe, e também o símbolo. A decifração acha-se nas *letras da palavra*, bem como no próprio objeto representado. É um anagrama sagrado. A explicação está em que a palavra ΙΧΘΥΣ é formada das iniciais das palavras gregas que descrevem os nomes, títulos e ofício de Jesus, isto é, Ἰησους Χριστους Θεου Ὑιου Σωτὴρ, Jesus Cristo, Filho de Deus, Salvador.

Aqui temos ilustrações da Galeria Lapidária; uma de um Peixe e outra da palavra ΙΧΘΥΣ por baixo da qual se lê a seguinte inscrição:

Ao bom e inocente filho de pastora, que viveu X anos e IIII meses

    Os primitivos escritores referem-se frequentemente a Cristo sob o termo ΙΧΘΥΣ. O símbolo é mencionado por Clemente de Alexandria. Optatos diz: "Esta simples palavra encerra uma multidão de nomes sagrados". Orígenes fala de Cristo como "chamado figurativamente Peixe". Tertuliano, Agostinho e outros ligam este nome com o rito iniciatório cristão do batismo. Este símbolo foi um dos mais primitivos símbolos teológicos, sendo também um dos primeiros a cair em desuso. No começo do quinto século havia desaparecido da arte religiosa.[4]

    O MONOGRAMA, em sua forma primitiva, consistia somente das duas letras gregas, X (chi) e P (ron), que são as duas letras iniciais de ΧΡΙΣΤΟΣ, o nome grego de Cristo. Estas letras eram, como vemos, iguais aos nossos X e P, e achamos o X como o P desenhados no centro.[5]

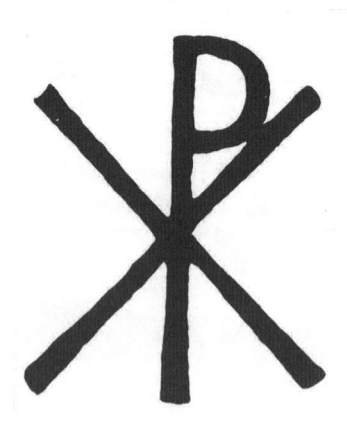

---

[4] Withrow, pp. 252 – 255.
[5] O antigo distintivo das Associações Cristãs da Mocidade tinha este monograma ao centro.

Tásaris, em Cristo, o primeiro e o último.

Aqui temos uma inscrição grosseira em que se lê:

O monograma é usado aqui em lugar de Cristo e as letras gregas Alfa e Ômega foram adicionados para exprimir "o primeiro e o último", títulos de Cristo, adotados por Ele mesmo no livro de Apocalipse.[6]

O primeiro antes dos idos, tem o monograma, com o alfa e o ômega, encerados num círculo, tudo invertido.

---

[6] Apocalipse 1.8,11; 21.6—22.13.

Observamos também duas outras formas deste símbolo, ambas encerradas num círculo, evidentemente para exprimir a crença na sua eternidade, visto o círculo ser o símbolo da eternidade, muito usado entre os antigos. Num caso o monograma tem a mais as letras *alfa* e *ômega*; noutro, as letras ESDEIAS circundam o monograma, supondo-se que significam *Christus est Dei* (Cristo é Deus).

A transição do X grego para uma cruz ao alto foi provavelmente logo sugerida para representar simbolicamente o instrumento da crucificação de nosso Senhor. Com o tempo, isso acentuou-se e encontra-se nos monumentos mais recentes, ficando a cabeça do *rou* como a parte superior da cruz, como se vê na gravura abaixo.

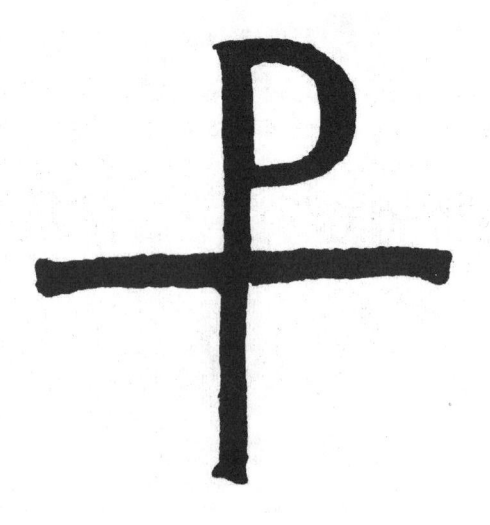

Temos aqui dois exemplos: um simples e outro encerrado num triângulo equilátero, que se supõe significar a fé na doutrina da Trindade.[7]

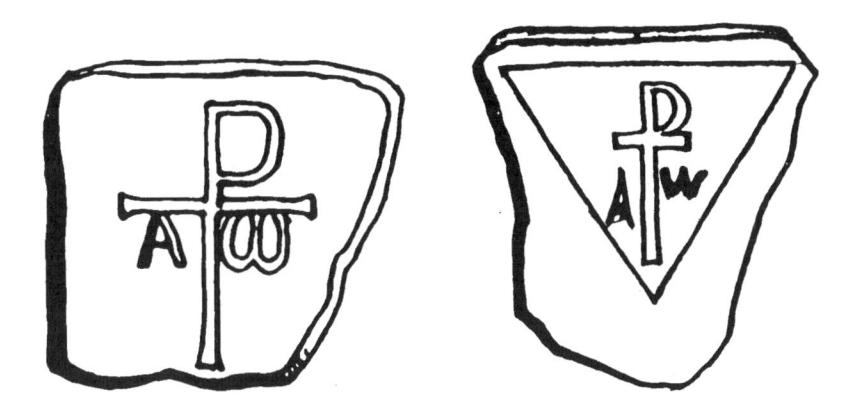

Já nos referimos ao fato de haver judeus em Roma na época da introdução do cristianismo ali, e à asserção de Suetônio de que eles levantaram tumultos por causa da nova fé. O último capítulo de Atos dos Apóstolos narra-nos o mesmo fato. O apóstolo Paulo,[8] ao chegar a Roma, mandou chamar os judeus e discutiu com eles sobre o cristianismo; porém, achando-os em geral, adversos à fé, voltou-se para os gentios, dizendo: "Seja-vos, pois, notório que esta salvação de Deus é enviada aos gentios, e eles a ouvirão". Será interessante saber que as catacumbas nos fornecem evidências de que havia judeus em Roma, que, sendo confundidos com os cristãos, participam das perseguições e procuram refúgio com eles nas catacumbas. Porém, não obstante a isso, conservavam-se separados dos cristãos no tocante aos serviços e cultos religiosos.

Numa das galerias da Via Portuense, que não contém nenhuma inscrição cristã, Bosio achou uma lâmpada com o desenho do candelabro de ouro do Templo de Jerusalém e, na parede sobre essa lâmpada, a palavra SINAGOGA, em letras gregas, indicando evidentemente o lugar de reunião para o culto judaico. É claro que alguns de origem judaica se converteram à fé cristã, pois achou-se um

---

[7] *A arte cristã primitiva e medieval*, de Twining.
[8] Atos 28.17-28.

epitáfio curiosíssimo, escrito em hebraico, grego, e latim, que denota a sepultura de uma judia cristianizada. A inscrição em letras gregas diz: AQUI JAZ FAUSTINA. No pedestal existe uma tentativa muito grosseira de gravar a palavra hebraica *Shalom*, que significa paz. O candelabro judaico está no centro da pedra, tendo, de um lado uma vasilha de óleo, e do outro uma palma. A explicação podia ser que uma certa judia, ao converter-se, tivesse tomado o nome cristão de *Faustina,* e que os seus amigos, depois da sua morte, quisessem recordar no túmulo a sua origem hebraica, bem como a sua fé cristã.

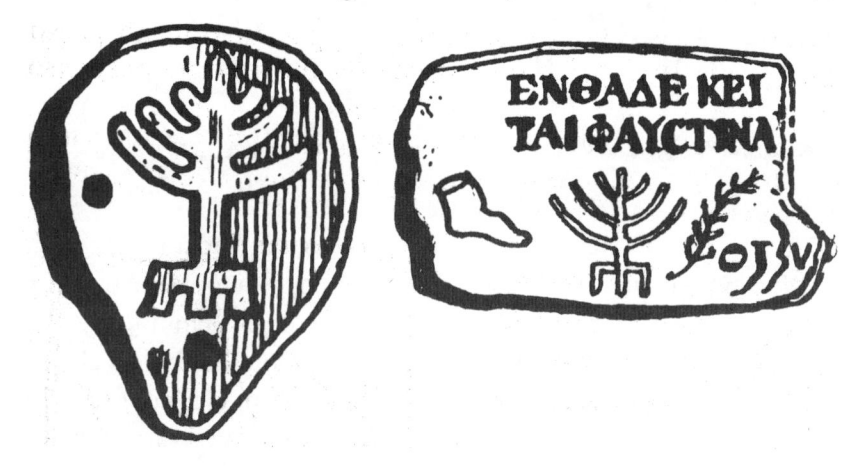

Em outro caso, uma mulher com um nome hebraico, ELIASA, levanta uma lápide à memória de seu marido romano, SORÍCIO, com a inscrição:

Ao nosso grande Deus — Eliasa e Sorício

OS EPITÁFIOS DAS CATACUMBAS

O centro da lápide apresenta o monograma de Cristo, com as extremidades laterais voltadas para cima, para formar a figura do candelabro, combinando engenhosamente, desta forma, num pequeno símbolo, não maior que o anterior, a ideia da origem judaica com a crença cristã?[9]

Os símbolos fonéticos e profissionais e os que exprimiam a fé em Cristo não eram de maneira alguma as únicas figuras simbólicas que usavam. Em tempos de ignorância, era necessário exprimir por sinais muitas ideias que em nossos tempos se transmitem sem dificuldade por meio da palavra escrita ou impressa.

Assim, *paz e esperança* são representadas em pinturas simbólicas nas sepulturas: paz, pela pomba e pelo ramo de oliveira, e esperança e segurança, pela âncora, ao passo que a convicção bem fundada de ter entrado no descanso era expressa por um navio ancorado no porto.

Aqui estão os dois exemplos: uma pomba com um ramo de oliveira no bico, e a palavra PAX (paz); outra pomba com ramo nos pés, e a inscrição:

À Januária, virgem, digna; sepultada em paz com boa esperança

Aqui, temos uma pomba com uma âncora desenhada no peito e com a inscrição:

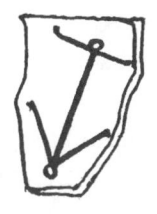

Em Cristo. Dezembro, quando ainda vivo, fez para si um bisomo

---

[9] *A Igreja nas Catacumbas*, de Maitland, pp. 76, 78 e 21.

Na página anterior observa-se uma âncora significativa da segurança e da esperança cristã; figura bíblica, usada na epístola aos Hebreus: "Esperança que temos como uma âncora segura e firme da alma".[10]

O navio que acima reproduzimos refere-se, com toda a probabilidade, à alegoria da escritura usada pelo apóstolo Pedro;[11] sendo a referência feita, como se supõe, à próspera entrada de um navio no porto: "Porque assim vos será amplamente concedida a entrada no Reino eterno de nosso Senhor e Salvador Jesus Cristo".

Tem-se achado muitos outros símbolos significativos, mas pouco mais podemos fazer do que nomeá-las. A coroa e a palma são muito frequentes, aludindo ao triunfo e à recompensa daqueles que forem "fiéis até a morte". Estes emblemas são também da Escritura, repetidamente mencionados no Apocalipse. Não há motivo para chegar à conclusão de que tais símbolos distinguem especialmente as sepulturas de mártires. Aludiam ao triunfo dos cristãos sobre o mundo e sobre o Diabo, mais provavelmente que sobre a fraqueza da carne na hora da perseguição.

Temos, a seguir, exemplo em que o monograma de Cristo está rodeado de palmas de triunfo e encerrado numa coroa, o que mos-

---

[10] Hebreus 6.19.
[11] 2 Pedro 1.11.

tra de quem era a força a que estes primitivos cristãos atribuíam a vitória.

A inscrição diz assim:

> FL·IOVINA QVAE VIX
> ANNIS·TRIBVS·D·XXX
> NEOFITA·IN PACE·XI·K

Flávia Jovina, que viveu três anos e trinta dias como neófita, morreu no II antes das calendas.

Ao encerrar esta narração dos símbolos usados por estes cristãos iletrados, não queremos afirmar que aprovamos o uso de representações simbólicas de coisas divinas. Muita idolatria tem origem do uso de símbolos desnecessários, agora que a instrução está tão desenvolvida.

Passemos agora ao estudo das *sepulturas dos mártires*. Os cristãos sempre tomaram grande interesse em tudo que se refere aos que, em qualquer período da história do mundo, preferiram sacrificar as suas vidas a renunciar a fé e esperança do Evangelho, negando o Senhor que os resgatou.

Mas há um interesse especial naqueles que suportaram a violência do conflito com os poderes das trevas, na infância do cristianismo. Desgraçadamente, a ignorância e a superstição têm contribuído muito para tornar as investigações do assunto desagradáveis a muitos, e difíceis a todos. Cada arranhadura numa lápide tem-se interpretado como prova de martírio; cada símbolo profissional tem-se tomado como um instrumento de tortura; cada osso descoberto, como relíquias de mártires. Tal era o zelo e tal a ignorância dos que professavam a fé romana quando as catacumbas foram reabertas, que grande parte dos ossos descobertos foram levados com outras tantas relíquias preciosas para, como diziam, santificar as igrejas em que se iam guardar. De cristãos, portanto, mártires ou não, poucos restos mortais se acham agora.

Felizmente, houve mais zelo na procura de ossos do que de inscrições; e podemos bem deixar os ossos aos romanos. As pedras que ficaram com as suas inscrições permitem-nos tirar preciosos ensinamentos, verdadeiros "sermões em pedras". Gravadas como estão, essas inscrições são agora imperecíveis.

Há razão para crer que existam poucas inscrições que se refiram aos mártires. Na verdade, não parece ter sido costume dos cristãos primitivos fazerem alarde dos seus sofrimentos. As suas inscrições quase sempre apontam para uma gloriosa imortalidade e, raras vezes tratam dos sofrimentos presentes ou passados.

A ideia expressa pelo apóstolo[12] parecia estar sempre com eles: "O que aqui é para nós de uma tribulação momentânea e ligeira, produz em nós, de um modo todo maravilhoso, no mais alto grau, um peso eterno de glória". A palavra "Paz" está inscrita em milhares de sepulturas, ao passo que *"Sofrimento"*, em poucas. Com exceção de uns fragmentos, nos quais aparece a palavra *"Mártir"*, e do caso de Alexandre já anteriormente citado, acharam-se nas catacumbas somente *quatro* casos fidedignos de inscrições referentes a martírios. Aqui está o *fac-símile* de duas e a cópia de duas. Falemos das cópias primeiro. Uma apresenta a palma e o monograma do Salvador; nela, o nome do imperador Adriano fixa a data aproximada de 130 d.C.

No tempo do imperador Adriano, Mário, jovem oficial militar, que tinha vivido bastante quando com sangue deu a sua vida por Cristo. Afinal descansou em paz. Os beneméritos levantaram esta lápide com lágrimas e temor no sexto antes de [...] em Cristo.

A inscrição anterior, provavelmente foi erigida em tempo de perseguição, "com lágrimas e temor".

Eis outra inscrição levantada pela viúva de um mártir, contendo em poucas e tocantes palavras os sofrimentos da carne e também

---
[12] 2 Coríntios 4.8-18.

a angústia suportada por aqueles corações unidos pela mais terna afeição, sofrimento talvez mais agudamente sentido, mas que muitas vezes olvidamos ao considerar os mártires de todas as épocas.

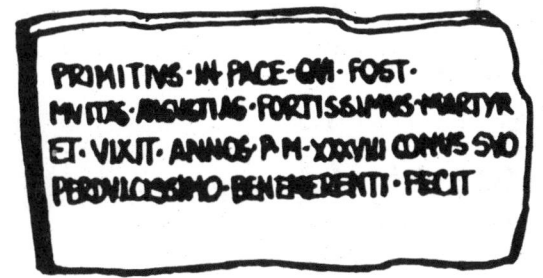

> *Primício em paz. Depois de muitos tormentos, um mártir muitíssimo valente. Viveu trinta e oito anos mais ou menos. Sua mulher erigiu este a seu caríssimo marido, o bem digno.*

Temos ainda um *fac-símile* de uma inscrição encontrada por Boldetti, e que é a única conhecida das catacumbas referente à temerosa perseguição de Diocleciano. O seu valor é aumentado pelas iniciais E.P.S,[13] que provam que a lápide cobre a própria sepultura de Lanno e de sua família. Diz:

> *Lanno, mártir de Cristo, descansa aqui. Sofreu sob a perseguição de Diocleciano (E.P.S). A sepultura é para sua posteridade.*

A última inscrição fidedigna, que se refere a mártires, e que aqui se reproduz, é de tal interesse que não podemos deixar de dar sobre ela uma notícia mais detalhada. Está escrita em caracteres gregos arcaicos; porém, as palavras são em latim:

---

[13] Significam: *Et Posteris Suis*, e a sua posteridade.

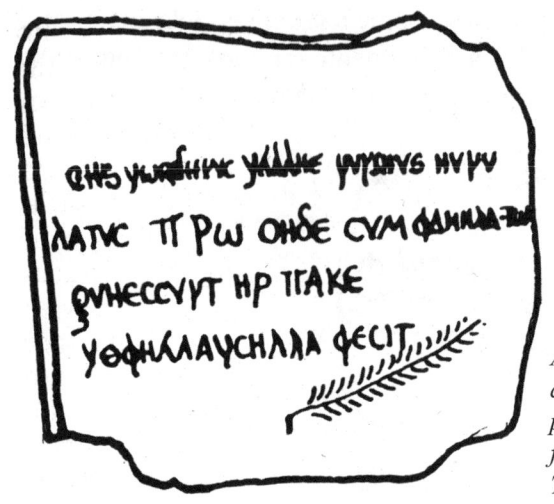

Aqui jaz Gordiano, deputado de Gália, que foi executado pela sua fé. Com toda a sua família descansa em paz. Teófila, criada, erigiu este.

Por baixo está uma palma de triunfo.

Este epitáfio, descoberto por Aringhi em 1650, causou muita investigação erudita. A razão por que foi escrita em caracteres gregos, ao contrário de todas as outras inscrições das catacumbas, e por que uma criada da Gália (antiga França) escrevia grego, têm sido questões difíceis de resolver. Estes pontos são explicados pelo Dr. Maitland.[14]

"Cerca de trinta anos depois de Aringhi, Mabillon chamou a atenção para uma observação feita por Júlio César[15] de que os druidas gauleses estavam acostumados a usar caracteres gregos nas suas transações seculares. Isto justifica o grego de Teófila, do qual algumas letras mal se podem admitir como fazendo parte do alfabeto oficial. Mais tarde, ela aprende o latim, mas só de ouvido. Isto não a habilita a escrever e a falar essas línguas. Teófila tem um recurso: expressar as palavras latinas em caracteres gregos druídicos. Desta maneira ela consegue relembrar o martírio de seu amo.

"Aqui encontramos uma dificuldade: traçamos, baseados em uma inscrição, a história de uma autoridade romana de alta posição, martirizada pela fé. Colocamos o incidente em Roma e fixamos as catacumbas como sua sepultura. Demos-lhe uma

---

[14] *A Igreja nas Catacumbas*, p. 134 e 136.
[15] Caesar, *De Belo Gálico*, lib. 6.

família, e, em particular, uma serva cristã fiel, que erigiu um monumento à sua memória. Mas não conterá a história romana notícia de tal notável ocorrência? Aringhi, que descobriu o epitáfio, não conhecia nenhuma. Cerca de noventa anos antes de Aringhi escrever, Súrio publicou um manuscrito intitulado *O martírio de S. Gordiano*. Este tratado descreve a conversão de um nobre romano chamado Gordiano, por meio da pregação do presbítero Januário, que sofreu o martírio no tempo de Juliano. Descreve também o batismo de Gordiano e sua mulher Mariana, com uma grande parte de sua casa, ao todo cinquenta e três pessoas. Gordiano foi martirizado e o seu corpo exposto na frente do templo de Minerva, de onde foi retirado por alguém da casa, que o enterrou nas catacumbas na Via Latina. Coincidência mais ampla mal se pode desejar."

A afeição quase filial dessa criada cristã pelo seu amo martirizado lembra-nos vivamente Maria de Betânia: o seu amor ao Salvador e o testemunho destemido da sua fé, quando ela o ungiu na casa de Simão, o leproso.[16] A notoriedade que tem sido dada ao ato caridoso e de coragem da serva Teófila faz-nos recordar também as palavras do Salvador naquela ocasião:

"Onde quer que for pregado este Evangelho, que o será em todo o mundo, publicar-se-á também para memória sua, a ação que esta mulher fez".

As catacumbas contêm muitas representações de homens e de mulheres em pé, com as suas mãos abertas; esses desenhos os católicos romanos supunham indicar as sepulturas de mártires. É claro, contudo, que a suposição não tem fundamento e que a posição das figuras representa mais um sentimento do que um fato. O ato de estar em pé, com os braços abertos, indica a posição universal de oração que havia na Igreja Primitiva em Roma.

Aqui temos duas representações, dentre as muitas preservadas: uma é a de uma mulher, e a outra representa o apóstolo Paulo. Se repararmos no sarcófago de Eutropo, ao qual já nos referimos anteriormente, e no desenho representativo de Daniel na cova dos leões, veremos que as figuras são apresentadas na mesma atitude.

---

[16] Mateus 26.6-13.

Esta posição de oração era a usual, tanto no paganismo como entre os cristãos, e isso se verá recorrendo a Virgílio, poeta pagão, ou ao escritor cristão Tertuliano. Este, na sua Apologia, diz: "Suplicamos pelos imperadores ao verdadeiro, vivo e eterno Deus, em cujo poder estão, e para quem são segundos, e depois de quem são primeiros, *com as mãos estendidas*, porque, assim são inofensivas; com as cabeças descobertas, porque se não envergonham; sem uma insinuação, porque é do coração que pedimos vida longa e todas as bênçãos para eles [...]. Assim, enquanto *de pé* oramos perante Deus, que os *ungulae* nos dilacerem as carnes, que as cruzes suportem o nosso peso, que as chamas nos envolvam, que a espada separe as nossas cabeças, ou que as feras se lancem sobre nós. *A própria atitude de um cristão que ora* (isto é, de pé com os braços abertos em cruz) *é uma preparação para todo o castigo.*"[17]

---

[17] Tertuliano, *Apologia*, cap. 30.

Os cristãos nas catacumbas são geralmente representados como orando nessa posição: o costume de ajoelhar na oração foi introduzido mais tarde e generalizou-se.[18]

Este fato oferece-nos valiosa evidência que corrobora a antiguidade das esculturas e obras de arte achadas nas catacumbas. Se houvesse fraude, ficaria logo desmascarada por inconsistências semelhantes àquelas que tão inequivocamente se declaram com relação a certas falsidades literárias, que pretendem passar como obras da Igreja Primitiva.

Daniel na cova dos leões

---

[18] De acordo com as autoridades citadas no livro *Antiguidades da Igreja Cristã*, do reverendo Lyman Coleman, p. 100, o costume de ajoelhar na oração pública foi introduzido como uma penitência, que era classificada como a mais leve, para a distinguir da *prostração*, prescrita para ofensas maiores. O direito de orar em pé era negado aos que estavam debaixo da censura da Igreja, sendo considerado privilégio e prerrogativo somente dos crentes fiéis. É fácil traçar a ligação entre prática primitiva de fazer ajoelhar os *penitentes* e o sentimento de humilhação tão geralmente ligado à posição de ajoelhar em tempos modernos. Orar de joelhos era absolutamente proibido, tanto no dia do Senhor como no dia de Sábado. Vede a grande variedade de autores citados naquela obra no cap. 10, séc. 12, notas 2 a 11.

Por apontar a prática primitiva da Igreja quanto à atitude do corpo na oração, não se deve supor que damos muita importância a esse assunto ou que simpatizamos com os que acham essas coisas essenciais no cristianismo. É lamentável verificar quantas vezes um cristão se tem separado de outro, apenas por causa de uma prática diferente quanto à forma como o culto espiritual se deve fazer. Há muito tempo que a religião deixou de ser uma questão de tempo, de lugar ou de atitude, como o era entre os pagãos. Agora é assunto do *coração*, e não dos joelhos dobrados ou não. Três mil anos têm sido insuficientes para ensinar aos homens a verdade promulgada, já nos dias do profeta Samuel, que o Senhor não olha para o que o homem olha, "pois o homem vê o que está diante dos olhos, porém o Senhor olha para o coração".[19]

A inscrição duma das lápides que estamos examinando diz assim:

BELÍCIA, FIDELÍSSIMA VIRGEM, VIVEU DEZOITO ANOS EM PAZ.
NO DÉCIMO QUARTO ANTES DAS CALENDAS DE SETEMBRO.

Belícia está representada com o vestido usado pelas mulheres solteiras, a *stola instita* ou túnica com franjas.

No outro caso, a única inscrição é:

PASTOR PAULO. APÓSTOLO.

Observamos aqui a simplicidade da Igreja Primitiva: nenhum prefixo de *Santo* havia sido então dado exclusivamente a qualquer dos servos de Cristo. O termo era aplicado, como no Novo Testamento, sem distinção, a todos que eram santificados por uma fé viva e verdadeira em Cristo.[20]

Também não encontramos "auréola", "nimbo", ou "glória" cingindo a cabeça dos apóstolos, nem tampouco as cabeças de quaisquer

---

[19] 1 Samuel 16.7
[20] Romanos 1.7; 1 Coríntios 1.2; 2 Coríntios 1.1; Efésios 1.1; Filipenses 1.1; Colossenses 1.2. Há cinquenta e sete casos no Novo Testamento em que os crentes. Como uma classe, são chamadas "santos", mas não há nenhuma caso do termo ser aplicado a um indivíduo para distinguir dos outros crentes.

outros cristãos representadas nas catacumbas. Esta prática, pagã em sua origem, teve início entre os cristãos do século V.[21]

Os títulos simples e bíblicos de "pastor" e "apóstolo", como uma cruz indicando união com Cristo, eram considerados distinção suficiente para o grande apóstolo das gentes, numa cidade em que alguns dos chamados seus sucessores apostólicos têm permitido tributar-se prerrogativas que só pertencem a Deus.

É interessante notar que, entre outras práticas da Igreja Primitiva, as catacumbas nos oferecem ilustrações do *Ágape* ou festa de amor. O Novo Testamento refere-se a esta festa, 2 Pedro 2.13 e Judas 12. Consistia numa refeição em comum, geralmente ligada à celebração da Ceia do Senhor, imitando o exemplo de Jesus e seus discípulos, que participaram da Ceia Pascoal, imediatamente antes da instituição da comunhão.[22]

A festa do amor ou *ágape*, usualmente formava parte do festim por ocasião de batismo ou casamento, e também era observada em enterros. No decurso dos tempos cometeram-se excessos, que degeneraram em abusos, até que a festa foi banida de várias igrejas e finalmente abolida na Europa.[23]

Nas eras primitivas da Igreja estas festas promoviam, sem dúvida, relações de amizade cristã e amor fraternal. Tertuliano na sua Apologia,[24] dá-nos uma descrição muito elogiosa delas. Descreve-nos a refeição como frugal e modesta; a conversação era conduzida sob a convicção de que Deus estava presente; fazia-se oração, e eram *lidas e explicadas as Escrituras*, e cantados hinos; a cerimônia incluía também o ósculo da paz e uma coleta para os pobres. É pro-

---

[21] O caso mais primitivo e saliente dos *nimbos*, isto é, um círculo rodeando a cabeça, usado pelos *cristãos*, acha-se numa igreja em Ravena, construída no século V. o nimbo está afixado a uma imagem de Cristo. Vede *A Arte Cristã Antiga e Medieval*, de Twining, estampa 15, gav. 9 e estampas 93, gav. 1. Ilustrações de nimbos, usados entre os *pagãos*, podem ser vistas em Pompeia, onde estão colocados sobre a cabeça de Circe e outros. — Ver *Biblioteca para a Conservação das Descobertas da Pompeia*, vol. 2, p. 9293. Ver a interessante nota sobre a origem deste costume.

[22] Ignatio, *Epist. Ad Smyrn.*, cap. 8.

[23] É interessante notar que o Dr. Asahel Grant achou que existia este costume entre os cristãos nestorianos ou caldeus da Ásia Central e parece não ter sido interrompido desde os tempos apostólicos. *Nestorianos*, do Dr. Grant, p. 57.

[24] *Apologia*, p. 93.

vável que o costume de velar cadáveres, como ainda hoje é usado em alguns lugares, tenha tido origem nesta festa.

Algumas igrejas cristãs, particularmente os metodistas, reviveram nestes últimos tempos o costume de celebrar *ágapes* ou festas de caridade; e como a água é o copo que anima mas não embriaga, a prática não fica exposta aos perigos a que antes estava sujeita.

Descobriu-se numa capela subterrânea do cemitério de Marcelino e Pedro uma interessante pintura de uma dessas festas. É a gravura desta página, na qual três hóspedes estão sentados à mesa; o criado serve a comida colocada sobre a mesa, ao centro. Duas senhoras parecem presidir, personificando, como se infere da inscrição, "Paz" e "Amor". Vê-se na mesa um cordeiro, pão, e um copo, e no chão o jarro de vinho. Há duas inscrições latinas abreviadas sobre as cabeças das que presidem, que dizem:

PAZ, DAI ÁGUA QUENTE. AMOR, MISTURAI PARA MIM.

Referindo-se ao costume quase universal naqueles tempos de se beber vinho misturado com água.[25]

---

[25] Vide *A Igreja nas Catacumbas*, p. 268.

OS EPITÁFIOS DAS CATACUMBAS

Agora, tendo explicado o que é difícil e apontado o que é mais interessante com relação às inscrições nas catacumbas, dizemos em conclusão: *É admirável a sábia providência de Deus*, revelada neste assunto. Um esconderijo para a Verdade, um berço para a Igreja perseguida havia sido provido durante os tempos da perseguição. Ali o cristianismo na sua infância achou abrigo. Ali foram arquivados "sermões em pedras", preservados até que a crescente corrupção da religião exigisse o seu testemunho para provar a pureza da Igreja Primitiva.

A descoberta das catacumbas — depois de se terem perdido de vista por cerca de mil anos — teve lugar no ano de 1578, quando alguns trabalhadores que estavam tirando *pozzolana* numa vinha de Via Salarina encontraram inesperadamente o antigo cemitério ou catacumba chamada Santa Priscila. Este acontecimento produziu profunda sensação em Roma, e principiaram as explorações e as investigações que tem continuado até o dia de hoje.

Sobre este ponto é muito apropriado citar Withrow[26]: "Parece que a descoberta das catacumbas foi reservada providencialmente para um período especial, adaptado a um estudo proveitoso. No cumprimento do tempo, quando a Reforma emancipava o espírito humano das peias da superstição, e muitas crenças e costumes arraigados eram provados pela fé e pela prática primitivas, aparecia este testemunho maravilhoso para mostrar a pureza, a simplicidade e a piedade da Igreja Primitiva".

Estes testemunhos que não têm paralelo senão nas próprias Escrituras Sagradas, tendo permanecido escondidos durante os obscuros séculos da ignorância e de superstição, são trazidos à luz num período de atividade intelectual e de reavivamento dos conhecimentos clássicos, que estimularam os homens ao estudo do passado e ao aproveitamento das preciosas riquezas da antiguidade. A imprensa, que acabava de ser inventada, e o buril do gravador salvaram para a história muito do que desde então tem desaparecido. Alguns arqueólogos católico-romanos, querendo procurar nos monumentos da antiguidade a justificação de várias doutrinas e práticas papais, foram os próprios que trouxeram à luz a refutação de sua existência nos primitivos séculos da Igreja. Isto será o assunto do capítulo seguinte.

---

[26] *As Catacumbas de Roma*, de Withrow.

ROMANISMO: "CRISTIANISMO" ADULTERADO

"E vi uma mulher assentada sobre uma besta de cor escarlata [...] e tinha sete cabeças e dez chifres [...] As sete cabeças são sete montes, sobre os quais a mulher está assentada... E a mulher que viste é a Grande Cidade, que reina sobre os reis da terra."
Apocalipse 17.3, 9, 18

Ao concluir o capítulo antecedente, notamos o fato de, na providência divina, a Reforma ter restituído ao mundo as Escrituras Sagradas em letra de imprensa e na língua de cada povo, no momento em que as catacumbas de Roma apareciam como um livro há muito escondido, porém vastamente ilustrado com evidências quanto à condição da primitiva Igreja Cristã.

Temos agora duas imperecíveis testemunhas para podermos responder à pergunta: Se o cristianismo é um remédio divino, por que é que não tem efetivado com mais plenitude a sua missão de libertar o mundo de males que ainda o afligem?

A resposta a esta objeção é: o que se vem há muito apresentando como cristianismo é um ensino corrompido. É um "cristianismo" (entre aspas), que ainda permanece, mas nos últimos tempos o cristianismo (sem aspas) em toda a sua pujança tem ressuscitado e a sua luz já brilha nas trevas deste mundo.

Usando de uma figura familiar, diremos: o Grande Médico deixou uma receita própria para remediar os males de um mundo de pecados e de sofrimentos. Essa receita provou a sua eficácia maravilhosa quando foi pela primeira vez administrada, mas falsificaram-na depois: omitiram um ingrediente aqui, juntaram outro ali, até que já pouco se assemelhava à original. Não admira, portanto, que ela tenha cessado de curar!

Pergunta-se ainda: Como se prova isso? Respondamos: mostrando o valor da receita na sua pureza primitiva, que era o cristianismo na sua origem. Disso as pedras das catacumbas dão testemunhos. "As tortuosas catacumbas", diz Withrow, "são as paredes indiscretas dos tempos passados". Fornecem-nos um contraste com o paganismo; servem para testificar a existência de um cristianismo primitivo, puro e eficaz. Assim como chamamos um ancião para provar, num tribunal, uma prática sancionada pelo costume, assim também intimamos estas silenciosas testemunhas, que virão dos seus esconderijos de quinze a dezoito séculos, e nos falarão da religião de Cristo, pura, imaculada.

Não vamos tratar de *homens* individualmente, mas de um *sistema*. Afirmo que um "cristianismo" espúrio usurpou o lugar da fé genuína. É verdade que tem havido sempre, desde a introdução do cristianismo, pessoas que o professaram sincera e verdadeiramente. Estes foram em todos os tempos as testemunhas de Deus, pois Ele nunca se deixou sem testemunho sobre a Terra. Eles formaram no mundo a Igreja dos santos, cujos nomes estão escritos no céu.[1]
É certo, porém, que uma apostasia geral tem prevalecido no meio da "cristandade", uma apostasia que, por muitos séculos, conseguiu substituir o cristianismo por um "cristianismo" espúrio e falsificado, como estava claramente predito na passagem colocada no alto deste capítulo e em muitas outras da Escritura.

Agora, perguntamos: Como procederíamos para nos certificar da autenticidade de uma moeda duvidosa que porventura nos tivesse chegado às mãos? Certamente a sujeitaríamos a todas as experiências possíveis. Fazendo-a tinir, verificaríamos se tinha o som que a natureza deu à prata ou ao outro, conforme o caso. Depois de vários

---

[1] Hebreus 12.23.

outros testes, se ainda duvidássemos, a levaríamos a um químico para que a analisasse, a fim de se nos dissiparem todas as dúvidas.

E não deveremos proceder igualmente — ainda com mais cuidado — para apurar, depois de exame minucioso, o que seja o cristianismo, de maneira a não sermos enganados por qualquer forma de falsificação?

Ora, nós temos agora à mão os meios de submeter a provas aquilo que afirmamos ser "cristianismo" corrompido. Podemos examiná-lo à luz da história e indagar qual tem sido a prática dos seus seguidores; quais os seus efeitos sobre o conforto, a felicidade e a moral do gênero humano. A história conta-nos casos de opressão, crueldade, perseguição, avareza e ambição cometidos em nome de Cristo e da sua religião; de conversões obtidas à ponta da baioneta; de confissões extorquidas pela tortura; de morticínio e destruição efetuados tanto contra incrédulos como contra cristãos, tudo em nome daquEle que não veio destruir vidas, mas salvá-las.

A história acusa a instituição a que nos referimos de praticar estes e outros crimes ainda bem mais graves; de ter provocado e fomentado guerras e derramamento de sangue; de ter deposto reis e absolvido os súditos que lhes não prestaram obediência; de ter promovido a traição e a rebelião, e fomentado revoluções só para aumentar o seu poder; de ter sempre perseguido, toda vez que se achava senhora do mando, o que fazia segura do resultado e da impunidade; de ter inventado mais torturas e exercido requintes de crueldade tal, que jamais se ouviu de qualquer sistema, sem executar mesmo o paganismo.

A Igreja Romana é acusada de usar da mentira, da violência, da prepotência, para castigar, matar, destruir aqueles que julgava seus inimigos ou que de seus erros divergiam. Seus mais altos dignatários, para alcançar seus fins inconfessáveis, praticavam os crimes mais infames, dando lugar a obras de grandes escritores que os condenavam publicamente. Aí está a história da Inquisição onde milhares de santos foram martirizados pela Igreja Romana.

É, assim, acusada e reconhecida perante todos como a grande inimiga da liberdade e do progresso humanos. Em qualquer parte onde dominou, negou a liberdade da palavra e proibiu o livre exame. Basta citar os casos de Copérnico e de Galileu, condenados simplesmente por prosseguirem nas suas investigações científicas. Tem posto embaraços à democracia, querendo impedir que todos tomem parte no governo. Sempre se opôs à liberdade de imprensa. Tem escarnecido da liberdade de consciência, e proíbe os mais estupendos e brilhantes trabalhos do gênio humano que são submetidos a seu exame.

Por séculos e séculos proibiu ao povo a leitura da Palavra de Deus, desejando que o mundo permanecesse nas trevas do pecado, como uma conspiração gigantesca contra a felicidade, a pureza e a liberdade do gênero humano.[2]

Apresentando-se como sendo de Deus, essa igreja deve ser julgada pela *Palavra de Deus*. Podemos examiná-la, portanto, à luz das Escrituras, podemos pesá-la na balança do Santuário. Temos a balança em nossas próprias mãos; pesada, como tem sido muitas e muitas vezes, acha-se em falta flagrante. Pelo simples ato de proibir o uso franco das Escrituras aos seus seguidores, a Igreja Romana admite que o seu sistema não pode suportar o confronto com a Bíblia.

Não é nossa intenção empreender uma análise valendo-nos da história ou da Bíblia — o espaço não nos permite. Isso já tem sido feito com muita proficiência, por outros. Deixando, pois, isso de lado, vamos apresentar as provas oferecidas pelas inscrições, esculturas e pinturas dos cristãos primitivos que condenam o sistema em exame.

Não chamamos a ele de **religião**, porque **religião**, do Latim, do tema de "religare", ligar outra vez, ou "religar o homem com Deus", não se lhe aplica. Muito menos podemos classificá-lo como igreja, sem lhe acrescentarmos um adjetivo (embora ele arrogue a si esse termo), porque igreja temos como "o Corpo de Cristo", a reunião dos santos lavados e purificados pelo sangue do Senhor Jesus. A nosso ver, a melhor designação que se lhe aplica é sistema, com a conotação de "combinação de partes de modo que concorram para um certo resultado".

A cabeça, a alma desse sistema, é a Roma Papal.

---

[2] Encontra-se um resumo bem conciso deste assunto num folheto publicado pela Sociedade de Tratados Religiosos, intitulado: *Testemunho da História contra a Igreja de Roma*. Veja-se igualmente o folheto do ilustre economista Emílio de Laveleye, traduzido em português: *O Futuro dos Povos Católicos*.

ROMANISMO: "CRISTIANISMO" ADULTERADO

Daqui por diante, falando de Papismo, Roma, Romanismo ou Catolicismo[3] Romano, reafirmamos falar de um *sistema* e não de *individualidade*. Pode haver muitos, e sem dúvida os há, que exteriormente se acham identificados com o sistema, mas que não o estão de coração; também pode haver, e sem dúvida há, os que não professam ter estas ideias, e no entanto, de coração, estão com o sistema.

Condenamos o sistema porque o consideramos contrário a Cristo e ao seu Evangelho e o maior obstáculo ao triunfo da religião cristã na Terra, mas não acalentamos nenhuma animosidade contra qualquer pessoa que a ele pertence. Lamentamos e amamos as vítimas do sistema, mas a ele o condenamos. Não mostramos má vontade contra o escravo quando condenamos a escravatura. Assim também não estamos contra os iludidos pela falsidade do Romanismo. A eles falamos com afeição cristã, embora usando palavras que a verdade nos obriga a proferir.

É patente que, com apenas as evidências fornecidas pelas inscrições, não poderemos apontar todos os erros do sistema romano. Não se pode esperar extrair de pedras sepulcrais um corpo completo de teologia. Mas é notável — pode mesmo dizer-se providencial — que neste caso se possa obter tanto de tal fonte. A corrupção do "cristianismo" foi produzida por várias causas, e mal precisamos acrescentar que uma delas tem sido a inerente *corrupção do coração humano*. Mas como o cristianismo estava especialmente destinado a enfrentar este mal e a vencê-lo, devemos achar outra causa que atuou sobre o "cristianismo" e lhe enfraqueceu a ação.

O cristianismo sofreu devido aos esforços perseverantes e incessantes dos que procuravam *misturar com ele o judaísmo cessante*. Incapazes de compreender o caráter espiritual da religião de Cristo, muitos se esforçavam por adaptá-la à lei cerimonial, que lhe tinha servido de introdutor ou pedagogo, como diz o apóstolo Paulo. Este

---

[3] A palavra *católico* quer dizer *universal*, ao passo que Roma e o que lhe pertence é local.
— Católico Romano, portanto, é uma contradição de termos, equivalente a "universal local" — um absurdo. Não pode haver senão uma Igreja Católica ou Universal; isto é, sem pertencer em especial a qualquer nação, reino, povo ou língua; é a "igreja dos primogênitos que estão inscritos nos céus" (Hb 12.23); os que a compõem são com certeza os únicos reconhecidos no céu.

mal todos podem estudar pos si nos Atos dos Apóstolos e principalmente nas Epístolas aos Gálatas.

O cristianismo sofreu também bastante com a especulação e sutileza da filosofia grega e da romana. As Escrituras preveniram a Igreja Primitiva, bem como os cristãos de todos os tempos, contra essas fontes de corrupção. De vez em quando, achamos o apóstolo Paulo exprimindo o seu temor, a sua solicitude, sobre esses pontos. "Temo", diz ele, "que assim como a serpente enganou a Eva com a sua astúcia, assim sejam de alguma sorte *corrompidos* os vossos sentidos, e se apartem da simplicidade que há em Cristo" (2 Co 11.3). Outra vez: "Tende cuidado para que ninguém vos faça presa sua por meio de filosofias e vãs sutilezas, segundo a tradição dos homens, segundo os rudimentos do mundo e não segundo Cristo" (Cl 2.8).

Não obstante os avisos repetidos, a igreja foi se desviando pouco a pouco da simplicidade do ensino de Cristo, devido a essas influências, mas essa corrupção nada foi, comparada com a que proveio deste outro mal — *a tentativa de harmonizar o cristianismo com o paganismo*. É muito natural que tal tentativa não fosse realizada enquanto as duas religiões estavam em conflito; porém, quando Constantino abraçou o cristianismo e ambas eram toleradas, aquilo que antes era considerado impossível tornou-se praticável. Apareceram pessoas que, por motivos talvez bem intencionados, mas errados, acharam essa fusão proveitosa.

Agostinho escreve: Quando se firmou a paz, os gentios (pagãos) estavam ansiosos por abraçar o cristianismo, mas foram impedidos porque estavam acostumados a passar as festas em embriaguez e orgia diante dos seus ídolos, e não podiam facilmente abandonar esses antigos prazeres. Pareceu bom, entretanto, aos nossos chefes, favorecer esta parte da fraqueza dos gentios, e substituir estas festas que tinham de abandonar, por outras em honra dos santos mártires, que pudessem ser celebradas com alegria semelhante, embora sem a mesma impiedade".[4]

Uma passagem de Enciclopédia de Fosbroke informa-nos do mesmo fato com mais detalhes: "Os gentios deleitavam-se nas festas dos seus deuses e não queriam renunciar a elas. Por isso Gregório (Tau-

---

[4] Agostinho, *Epístola 29*.

maturgo), que faleceu do ano de 265, e que era Bispo de Neocesareia, instituiu festas anuais para facilitar a sua conversão. Foi assim que as festividades cristãs substituíram os Florais (jogos em honra de Flora), e as festas da Virgem Maria, de S. João Batista e de diversos apóstolos tomaram o lugar das solenidades que celebravam a entrada do sol nos signos do Zodíaco, de acordo com o velho calendário Juliano".[5]

Sobre a verdade destas asserções não pode haver a menor dúvida, pois ainda hoje é evidente a coincidência dalgumas festas cristãs com as festas do paganismo.[6]

Passamos agora a provar a corrupção do cristianismo por meio das evidências fornecidas pelas catacumbas. Antes de prosseguir na nossa demonstração, queremos dizer que o nosso fim principal será provar à sociedade que a Igreja de Roma não se assemelha agora à Igreja Cristã primitiva. Ao mesmo tempo, embora incidentalmente, demonstraremos que a corrupção geralmente consistia na introdução de práticas e ideias pagãs nas igrejas cristãs. A prova terá de ser muitas vezes de caráter negativo. Não se achando nenhuma prova de determinada prática, poder-se-á razoavelmente deduzir que essa prática não existiu, visto que, a ter existido, devia naturalmente ter deixado traços de sua existência.

Primeiro, examinemos o Ministério. Desde os tempos mais primitivos do cristianismo, várias ordens de homens foram separados para ministrar a Palavra de Deus e dirigir a oração, e para guiar, instruir e fortificar as igrejas. Estes ministros das igrejas eram de várias ordens e conhecidos por diferentes nomes.

Com respeito à posição, nome e ofício desses ministros nos tempos primitivos, há diversidade de opiniões entre os cristãos, e daí, infelizmente, provêm muitas divisões externas às igrejas.

Não entro nesse campo de discussão, nem levanto questões. Os ministros usuais da Igreja Primitiva são denominados presbíteros ou bispos, que eram os administradores ou superintendentes. Dentre

---

[5] *Enciclopédia de Antiguidades*, de Fosbroke, vol. 2, pp. 571-591.
[6] Por exemplo: As cerimônias realizadas em Cumberland, na Escócia e na Irlanda, na véspera de S. João, que consistem em oferecer bolos ao sol, e algumas vezes em passar crianças pela fumaça de fogueiras; o uso do símbolo druida do azevinho e agárico pelo Natal, e de amêndoas na Sexta-feira da Paixão, e nos países católicos, o carnaval, que é a Saturnália dos romanos, realizado pela quaresma.

esses eram os pastores, que se dedicavam inteiramente ao trabalho da igreja, auxiliados pelos demais presbíteros; e os diáconos, para os serviços seculares das igrejas e para a direção das obras sociais. Além desses, havia os apóstolos, os evangelistas, e alguns profetas.

O que desejamos seja notado é que, entre todos os termos aplicados aos ministros cristãos, não há referência alguma a qualquer *sacerdócio*. Afigura-se-nos que a corrupção que mais influência tem exercido no "cristianismo" proveio da introdução gradual da ideia de um *sacerdote mediador para oferecer sacrifícios*, semelhantes aos sacerdotes do judaísmo ou do sistema pagão. É claro que tal instituição não pode ser encontrada em qualquer ensino de Jesus ou de seus apóstolos. No Novo Testamento nunca se fala de um sacerdócio especial na Igreja Cristã, senão num sentido que inclui cada crente verdadeiro unido a Cristo, o grande "Sumo Sacerdote da nossa confissão".[7] Notemos que este não é um ponto sem importância, como poderia parecer à primeira vista; porque, se admitirmos que há um *sacerdócio* (no sentido pagão ou judaico), então temos uma série de consequências — como de fato aconteceu, e foi a corrupção da "simplicidade que há em Cristo".

Desde que admitido um *sacerdócio*, um altar deve segui-lo, para usurpar o lugar de uma simples mesa na ceia comemorativa que Cristo instituiu. O *sacrifício* acompanha o *altar*. Isso aconteceu na Igreja de Roma. E mediadores sacerdotais se levantam entre o crente e seu sumo sacerdote, que ensinara a todos que se chegaram ao Pai tão somente por meio dele mesmo. Desta maneira, Cristo foi despojado do seu sacerdócio na Igreja de Roma, e desprezado foi o seu ofício de sacerdote e mediador. Ali, o sacrifício perfeito "oferecido duma vez para sempre" é continuamente *reoferecido*, como se alega nessa igreja. Outro grande mal é que ao povo cristão ensina-se a confessar os pecados a semelhantes seus, pecadores também, e a depender destes para obter o perdão; quando é certo que todos possuímos o inestimável privilégio de acesso pessoal a Cristo.

Ao fazermos estas considerações sobre o que julgamos ser a corrupção fundamental da Igreja de Roma, não é nossa intenção fazer re-

---

[7] Vede todas as passagens do Novo Testamento em que as palavras "Sacerdote" ou "sacerdócio" são usadas como referência ao cristianismo, por exemplo: 1 Pe 2.5,9; Ap 1.6; 5.10; 20.6.

flexões sobre o sentido que à palavra sacerdote dão alguns ministros, mesmo de certas Igrejas Cristãs Reformadas; o certo é que *a ideia é de sacerdócio mesmo*.

Infelizmente, para a elucidação deste ponto, a pobreza da nossa língua não nos fornece termo que corresponda ao ofício sacerdotal dos judeus ou dos pagãos.[8] No inglês há a palavra *priest*, que afinal é a contração do grego *presbuteros*, e é a única palavra inglesa para exprimir ideias completamente diferentes. Sobre este ponto, em vez de exprimir o que pensamos, preferimos citar as de quem honrou o cargo a que me refiro:

"Embora Roma já muito desonre a Cristo na sua qualidade de Profeta, ainda mais profundamente o desonra como Sacerdote do seu povo. Retirai o ofício sacerdotal de Cristo, e o Evangelho não é mais Evangelho. Portanto, de nada devemos ser mais zelosos que do único e soberano sacerdócio de Jesus. Este sacerdócio mutila-o Roma miseravelmente. Ela o faz em primeiro lugar, perpetuando uma pretensa hierarquia de sacerdotes para cooperar com Cristo nas suas funções sacerdotais — ordem esta, a seu ver, tão essencial à salvação como o próprio Sumo Sacerdote da nossa fé. Lavro o meu protesto mais solene e decidido contra a ideia de que, sob o Evangelho, haja na Terra alguém que apropriadamente se possa chamar sacerdote.

"O sacerdócio humano pertenceu a uma dispensação material e simbólica, que já passou. Pertencia à letra. Não pertence ao espírito. Não há mais sacerdotes, no sentido próprio da palavra, pois cessaram quando veio o verdadeiro Sacerdote. Seria uma felicidade se a palavra sacerdote nunca tivesse sido usada pela Igreja Cristã, porque está sujeita a interpretações erradas, ainda que todo o estudioso honesto bem sabe que, na Igreja Evangélica, a palavra nunca é empregada na sua antiga significação. Para qualquer espírito livre de preconceitos, é bem evidente que nenhuma igreja Cristã usa a palavra com esse sentido antigo; se a usa é no sentido de ministro, onde os dois termos se equivalem. Em vão a dialética e a sofística dalguns, que, embora se digam evangélicos, têm o coração para o lado de Roma, se têm esforçado por torcer o uso da palavra sacerdote num sentido que indique que o nosso ramo da Primitiva Igreja de Cristo retém qualquer

---

[8] Ιερούς no grego é *Sacerdos* no latim.

coisa que se parece com a desgraçada invenção de Roma — a de um sacerdócio sacrificador ainda em existência. Roma transformou o simples evangelista, o arauto da graça, o apóstolo ou mensageiro, o pastor ou apascentador, o pescador de almas, o mordomo cujo dever é dar a todos a comida em tempo devido, numa ostentosa jerarquia sacerdotal sacrificadora. Se nos perguntarem donde se originou esta monstruosa estrutura de heresia papal, responderemos que foi da ambição sacerdotal!".[9]

O arcediago Farrar faz as seguintes notáveis considerações sobre o sacerdócio de Cristo e contra as chamadas pretensões sacerdotais dos sacerdotes, tanto da Igreja de Roma como duma seção da sua própria Igreja, a Igreja Anglicana:

"O VERDADEIRO SACERDÓCIO" — Melquisedeque era um verdadeiro sacerdote e por isso um tipo de Cristo. Os sacerdotes de Arão eram homens que ofereciam o sangue de touros e de bodes; ministros de um ritual suntuoso mas transitório — espécie de sacerdócio que a maioria dos sacerdotes admiram. Pertencer a uma classe consagrada; usar vestuário distintivo; atribuir-se funções sobrenaturais; assumir privilégios exclusivos; dar às exigências do cerimonial a maior importância, como se tudo dependesse, num mundo de pecado e de tristeza como este, do feitio de um vestuário ou da debatida interpretação duma rubrica trivial — eis o que tem sido, muitas vezes, o único fim em vista. Alcançar as rédeas do poder; lavar, com ostentação, os pés dos mendigos, para, na realidade, pôr os seus no pescoço dos governantes; usar coroas tríplices sob a forma de mitras cheias de joias — eis ao que tende o pretenso sacerdotalismo do papado.

"Deveis — disse uma vez o confessor da rainha de Espanha a um fidalgo que o tinha ofendido — deveis respeitar a um homem que todos os dias tem a vossa rainha a seus pés e o vosso Deus em suas mãos!

"Este padre falou por todos. Assim muitas vezes os padres têm feito do exagero do seu ofício uma desculpa para a extravagância da sua ambição.

"Foi esta a origem da arrogância dos papas, das ambições dos jesuítas e das abominações dos inquisidores. Porém, sacerdotes que

---

[9] Conferência do Reverendo Cônego Stowell: *O papismo e como este sistema desonra a Cristo*.

professam ser os 'servos dos servos' para poderem chegar a rei dos reis; sacerdotes que devoram as casas das viúvas com as capas de longas orações; sacerdotes que se insinuam nas famílias para levarem, cativarem, os tímidos e os fracos; sacerdotes para quem a posição e o poder, as cerimônias e as funções, os privilégios e as sucessões são mais do que a verdade e a misericórdia, a justiça e a razão, são sacerdotes que têm feito do próprio nome — SACERDOTE — um objeto de ódio no mundo.

"Quão diferente o sacerdócio daquele de quem era tipo Melquisedeque, que fez de *todos* os seus filhos uma geração escolhida, um sacerdócio real; que fez a *todos*, tanto como reis como sacerdotes, remidos de Deus para sempre! A sua glória era a vida simples de santidade e amor. Não usou trajos pomposos; não veio de nenhuma linhagem sacerdotal; era o carpinteiro de Nazaré, o Profeta da Galileia, o Bom Médico de Genezaré. Não era nenhum liturgista da casa de Levi, nem aristocrata saduceu da linhagem de Arão. Usava o trajo comum do seu país; andava entre os pobres. O povo era atraído pelo sacerdócio de uma humanidade pura, nobre e compassiva. Fugiam de Caifás e das suas vestes douradas, e procuravam Jesus na sua túnica de camponês... Na abolição do sacerdotalismo, o gênero humano reconheceu o Salvador do mundo.

"A verdadeira sucessão apostólica é a bendita continuidade da bondade cristã. O verdadeiro pregador não é o que meramente instrui o povo, mas aquele cuja vida é como um farol de sinceridade. A verdadeira ordenação não é a imposição mãos por um bispo, mas a vocação de Deus a seus filhos, para que não vivam para si mesmos... A sua ordenação é a fidelidade a Deus; a sua sobrepeliz, uma vida de honestidade; as s igrejas são as ruas e casas onde vivem suas ovelhas; o seu púlpito é o exemplo duma vida de harmonia com o Evangelho; a sua consciência é o seu *urim* e *tumim*; a sua voz é a música do mundo."[10]

Sobre este ponto tão importante, que dizem as inscrições nas catacumbas de Roma? *Nelas nunca se encontrou termo algum que corresponda ao ofício sacerdotal dos pagãos ou dos judeus.*

É digno de nota que a palavra Ιεροὺς, isto é, a pessoa que oferece sacrifício, em nenhum lugar nas catacumbas ou dos escritos primi-

---

[10] Sermão pelo Arcediago Dr. Farrar sobre Hebreus 7.17.

tivos é aplicada a qualquer posição eclesiástica. Coube ao Romanismo ou ao sacerdotalismo romanizante, fazer a aplicação ao ministro cristão desta palavra tão oposta ao espírito do Novo Testamento".[11] Os nomes usados para designar ministros cristãos são os que já mencionamos e os mesmos usados nas Escrituras: Bispos, presbíteros, pastores, diáconos, etc. Também nas inscrições constam nomes como *lectors*, isto é, ledores das Escrituras, *fossors*, isto é, serventes com funções na igreja, mas nunca *sacerdote*.

Decida cada um como quiser, para a forma de governo da Igreja, o que lhe pareça estar mais perto do tipo primitivo. Que cada um de nós, da maneira mais aproximada possível, tenha ideias corretas dos cargos e funções das diversas ordens do Ministério cristão, e encaremos todos os ministros fiéis de Cristo como desempenhando um cargo digno e honroso, amando-os por amor da sua obra, mas, de maneira alguma, lhes atribuamos a honra que só pertence Cristo — Sacerdote! Olhemos para Cristo continuamente como o nosso Sumo Pontífice ou Sacerdote — verdadeiro Homem para simpatizar com as nossas enfermidades e verdadeiro Deus, poderoso e pronto a perdoar os nossos pecados. Prezemos os seus ministros pelo ensino e exemplo que nos deem, mas *confiemos só em Cristo para a salvação das nossas almas!*

Assim como a Igreja de Roma alterou o caráter dos ministros cristãos, do mesmo modo modificou o seu estado, proibindo-lhes o casamento, apostasia esta já predita.[12] Do celibato forçado fez-se uma virtude! Nada disto havia sido introduzido nos tempos apostólicos. O Novo Testamento diz que os apóstolos e os evangelistas eram casados.[13] Ao mesmo tempo que Paulo expressamente declara a sua liberdade neste assunto,[14] afirma que um ministro cristão deve ser esposo de uma só mulher.[15]

As catacumbas declaram inequivocamente que a prática da Igreja Romana é uma inovação e provam que todas as classes de clérigos nos tempos primitivos costumavam casar-se. O Dr. Maitland

---

[11] *As Catacumbas*, de Withrow, p. 511.
[12] 1 Timóteo 4.3.
[13] 1 Coríntios 9.5; Mateus 8.14; 1 Pedro 5.13 e Atos 21.
[14] 1 Coríntios 9.5.
[15] 1 Timóteo 3.2, 11, 12; Tito 1.6.

fornece-nos exemplos de inscrições que se aplicam a cada classe.[16] Vejamos algumas escolhidas entre muitas, que provam este ponto. Primeiramente, o epitáfio de um bispo e outro do filho de um bispo, este do ano de 404:

> MINHA ESPOSA LAURÊNCIA FEZ-ME ESTE TÚMULO;
> ESTAVA SEMPRE DE ACORDO COM A MINHA DISPOSIÇÃO.
> ERA VENERÁVEL E FIEL: FINALMENTE A INVEJA JAZ
> ESMAGADA.
> O BISPO LEÃO ULTRAPASSOU O SEU 80º ANO.
> VICTOR, EM PAZ, FILHO DO BISPO VICTOR, DA CIDADE
> DE UCRÊNIO.
> LUGAR DE BASÍLIO O PRESBÍTERO E SUA ESPOSA
> FELICITAS.
> FIZERAM-NO PARA SI MESMOS.
> GAUDÊNCIO O PRESBÍTERO; PARA SI E PARA SUA
> ESPOSA SEVERA, MULHER PURA E SANTÍSSIMA.
> OUTRORA A FILHA FELIZ DO PRESBÍTERO GABINO.
> AQUI JAZ SUZANA, JUNTAMENTE COM SEU PAI,
> EM PAZ.

Examinemos ainda os epitáfios de um Lector e de um Fossor, e de suas mulheres:

> CLAUDIO ATICIANO, LECTOR; E CLAUDIA
> FELICÍSSIMA, SUA ESPOSA.
>
> TERÊNCIO, FOSSOR. PARA PRIMITIVA, SUA ESPOSA,
> E PARA SI.

Mal será necessário observar, depois do que já foi dito a respeito do sacerdotalismo, que não pode haver mais sacrifício pelo pecado

---

[16] *A Igreja nas Catacumbas*, pp. 247 a 251.

na Igreja Cristã. No tempo em que as catacumbas eram habitadas, o *sacrifício da missa* ainda não tinha sido inventado; nem em tal se pensou até o século nono, isto é, cerca de quatrocentos anos depois de fechadas as catacumbas. Os leitores já estão por certo preparados para saber que nenhum vestígio de sacrifício semelhante se pode achar nas catacumbas, nem mesmo qualquer altar com esse fim.[17]

Um poeta cristão, Prudêncio, que escreveu no século IV, fala da *mesa (mensa)* sobre a qual colocavam os emblemas da comunhão, o pão e o vinho, nas capelas das catacumbas, e usa unicamente a palavra *altar* (ara), quando se refere à oração e louvor, de que a Escritura fala sob a figura de um sacrifício espiritual.[18]

Torna-se desnecessário narrar minuciosamente como a tampa de pedra que cobria a sepultura de um mártir tornou-se em mesa; como essa *campa* foi transformada em *altar*, como no decorrer do tempo, uma simples *ceia* comemorativa tornou-se um *sacrifício*, ou como uma refeição, uma missa. Tais mudanças, contudo, tiveram lugar e continuam a ser o costume corrupto da Igreja de Roma. As Igrejas Reformadas, com algumas tristes exceções, conservaram o costume primitivo e escritural de observar a Santa Ceia como foi instruída pelo Senhor e desprezaram o inexplicável e impróprio *altar*, restabelecendo a mesa primitiva.[19]

Acaso não teremos razão em afirmar que, a todos os respeitos, verificou-se um grande desvio "da simplicidade que há em Cristo" e que a Igreja de Roma nos apresenta uma forma corrupta e pagã de "cristianismo"?

Roma não somente desonrou a Cristo no tocante ao seu ofício de Sacerdote, mas, gradualmente, foi exaltando homens, levando-

---

[17] *A Igreja nas Catacumbas*, p. 342.
[18] Hebreus 13.15.
[19] O uso desnecessário de luzes nas catacumbas foi provavelmente a origem do uso romano de enterrar e adorar os mortos com velas e círios acesos, mesmo à luz do dia. Isto também era um costume do paganismo, com cuja adoção, como em muitas outras, o católico romano tornou-se o seu herdeiro. Também tem a mesma origem as luzes dos altares nas igrejas romancistas e a imitação ilegal desse costume nas igrejas anglicanas. Vigilantino denunciou com veemência esse costume, dizendo: "Quando vemos o cerimonial pagão introduzido nas igrejas; pilhas de velas acesas enquanto o sol brilha". O concílio de Elvira proibiu esse costume (Cânon, 34). Porém, com a crescente corrupção da Igreja tornou-se antes do fim do século V uma praxe estabelecida.

-os a partilhar do ofício de *Mediador*, que só pertence a Cristo. Aos apóstolos, aos mártires, à virgem Maria, a espíritos libertos de homens e de mulheres, e também aos anjos, essa igreja revestiu com os atributos da onipresença de Deus e ensinou que se lhes poderiam dirigir orações como se fossem mediadores de intercessão. Também pode ser atribuída *diretamente* à origem pagã esta corrução do "cristianismo", que consiste na adoração dos *espíritos* e na consideração mostrada e na adoração rendida aos manes divinos ou espíritos dos grandes homens, que no paganismo eram considerados deificados.

Quando consideramos as circunstâncias de os crentes primitivos, retendo, naturalmente, algumas ideias do paganismo, as associarem nas catacumbas aos restos mortais daqueles que em vida amaram e honraram, não podemos estranhar que tal erro se introduzisse tão cedo na história do cristianismo. Nas lápides dos seus esconderijos nas catacumbas descobrimos o primeiros sinais e lemos a história dessa corrução, que não chegou ao seu apogeu senão muito tempo depois de se terem fechado as catacumbas, como cemitérios cristãos.[20]

Primeiro veio um *sentimento* pio, suspirado em oração sobre uma sepultura, e grosseiramente gravado na pedra pela mão de qualquer amigo saudoso e triste, como os seguintes:

DOCE FAUSTINA, VIVE EM DEUS.
ZOTICO, ALEGRA-TE! BOLOSA, DEUS TE FORTALEÇA!

Acostumados a se dirigirem aos mortos, veio então o segundo degrau do erro — a expressão e esperança de que os mortos, estando com Cristo, pudessem utilizar-se da sua influência a favor dos que ficaram na Terra. A *única* inscrição deste caráter na Galeria Lapidária, cuja data é desconhecida, diz assim:

---

[20] Na Galeria Lapidária (se não é arrojo tirar uma conclusão sumária sobre o conteúdo de coleção tão vasta) o nome da virgem Maria "não aparece nem uma só vez". Tampouco é encontrado "uma única vez" em qualquer inscrição verdadeiramente antiga contida nas obras de Aringhi, Boldetti ou Bottari. Se qualquer exceção se for descobrir, não enfraquecerá o contraste espantoso que neste ponto existe entre as igrejas primitivas e as da Idade Média. *A Igreja nas Catacumbas*, p. 333.

GENTIANO, CRENTE, EM PAZ;
VIVEI XXI ANOS, VIII MESES E XVI DIAS.
NAS TUAS ORAÇÕES ROGA POR NÓS, PORQUE
SABEMOS QUE ESTÁS EM CRISTO.

Veio depois o atual costume de orar à beira da sepultura aos mortos. Isto, evidentemente, começou a ser praticado antes do fim do século V. Então segui-se, como é natural, quando a luz do glorioso Evangelho fica escondida, a procura dos ossos dos mortos para santificar alguma igreja e para tornar mais eficazes as orações que a eles eram feitas. Finalmente, veio a adoração da *imagem* ou *pintura* do falecido; assim reviveu, em tudo menos no nome, a idolatria dos pagãos. Com muita razão diz o Dr. Maitland que "o Panteon de Roma, originariamente dedicado a *Júpiter e a todos os deuses*, foi dedicado à *virgem Maria e a todos os santos*; o edifício parecia ter sido cristianizado, porém, na verdade, o "cristianismo" é que foi paganizado. Desde que ali se adorem *homens*, pouco importa porque nomes são invocados".

É fácil descer quando estamos numa rampa. Aproximemo-nos mais do que nunca da adoração espiritual! Nunca nos esqueçamos da promessa do Grande Mediador aos que creem nele: "Tudo o que pedirdes ao Pai *em meu nome*, ele vo-lo fará". Tenhamos sempre na lembrança que na Escritura inspirada está declarado: "Cristo vive sempre para interceder por nós".[21]

Mas ainda não dissemos tudo de Culto dos Santos. A Igreja de Roma, tendo abandonado a direção das Sagradas Escrituras, desprezado "o guia da sua juventude", e esquecido "o concerto de Deus", parece ter sido deixada cair no erro, para servir de aviso aos verdadeiros

---

[21] Assim se desenvolveu, no decorrer do tempo, uma vasta jerarquia celestial, dotada dos atributos de Deus e usurpadora do ofício intercessor de Cristo, imitando o politeísmo pagão. Os chamados Santos Padres da Igreja Primitiva reprovavam a adoração de qualquer santo ou anjo ou a intervenção de qualquer mediador para com Deus além de Cristo. Diziam os anciãos da Esmirna: "Nós adoramos o Filho de Deus; aos mártires apenas os amamos". Santo Agostinho diz: "Não sacrificamos aos santos, nem os adoramos, mas apenas, ao único Deus, deles e nosso; nem a nossa religião é culto de mortos". São Crisóstomo diz assim: "Foi Satanás que introduziu este culto aos santos". O Concílio de Laodiceia, realizado no ano de 361, proibiu a invocação de anjos como idolatria e como promotora do esquecimento de Cristo. *As Catacumbas*, de Withrow, pp. 445-449.

seguidores de Cristo, para eles não se deixarem levar pelos afagos dos desviados ou para não serem iludidos com aparências de santidade.

Do culto dos *espíritos dos mortos*, e dos seus *despojos mortais*, e das *representações* de santos, a Igreja Romana caiu no absurdo de inventar *mediadores imaginários* que nunca tiveram sombra de existência. As revelações que traremos ao leitor, se não se tratasse de assuntos tão sérios, provocariam o riso; mas, assim, bem podem provocar lágrimas pelo que revelam da natureza humana, ignorante e decaída. Todas as afirmações que daremos são tiradas de escritores católico-romanos. A origem dos erros em apreço pode-se também verificar nos despojos encontrados nas catacumbas de Roma.

Mabillon, falando desses despojos, diz: "Exumaram-se duas espécies de corpos: uns sem nome nem inscrição; outras com uma ou com ambas as coisas. Os primeiros tiveram *nomes dados pelo Cardeal Vigário ou pelo Bispo* que preside à Capela Pontifícia. Esses santos são chamados de batizados".[22]

Mas os donos das ossadas encontradas não só recebiam nomes e eram declarados santos, mas também muitas vezes elevados à categoria de *mártires*. Uma "Santa Congregação de Relíquias", reunida de 1668, publicou este decreto: "A Santa Congregação, tendo examinado cuidadosamente o assunto, resolve que a palma e o vaso tinto de sangue sejam considerados como *sinais certos de martírio*. A investigação de outros símbolos fica adiada por enquanto".[23]

Enquanto os arqueólogos discutem sobre a substância encontrada a colorir certos vasos colocados nas sepulturas, divergindo as suas opiniões quanto a ser *vinho, sangue ou especiarias odoríferas*, aquela "Santa Congregação" com uma penada decide a questão, elevando nada menos que todos os donos daquelas sepulturas à dignidade do martírio. Até admira a desusada moderação e sabedoria ao adiar "por enquanto" a sua decisão sobre outros símbolos!

Raoul Rochette fala-nos de um desses mártires fabricados, e apesar de ser romanista, exprime sérias dúvidas sobre o caráter genuíno dele. Tratava-se dum novo santo, descoberto em 1803, e que foi transportado de Roma para Perúgia. Na sua campa achava-se representada uma tenaz e as seguintes palavras precedidas das letras:

---

[22] *Obras póstumas*, de Mabillon, vol. 2 pp. 251-287.
[23] *A Igreja nas Catacumbas*, p. 174.

D.M.S (Consagrado Aos Manes Divinos — Fórmula Pagã). BERNERO VIVEU XXIII ANOS E VII MESES.

Sobre esta inscrição Rochette observa: "Na sua ausência de qualquer *sinal certo do cristianismo*, este instrumento pode ser considerado como pertencente à profissão do falecido. Bernero, portanto, poderia ter sido um pobre ferreiro, *cristão, se quiserdes*, (ou pagão), concordando melhor esta última suposição com o caráter do seu epitáfio, executando o vaso de sangue [sic] achado em sua sepultura, o que é considerado como um sinal de santidade cristã.[24]

"O pobre Bernero, ou mais provavelmente Venério, era sem dúvida um ferreiro pagão e agora é *incontestavelmente* um mártir na glória. Em todo o caso, aprendemos a ter cuidado para que com os nossos juízos falíveis e com a ignorância no coração, não queiramos, seguindo tais exemplos, exercendo prerrogativas que só a Deus pertencem, de separar e distinguir os santos dos pecadores, a não ser pela própria prova de Deus.[25]

Todos os cristãos devem dar graças a Deus porque a sua aceitação ou rejeição não depende das adivinhações ou suposições de arqueólogos nem mesmo de uma 'Congregação de Relíquias', porque assim é que está escrito *"O Senhor conhece aos que são seus."*[26]

Mabillon menciona mais dois casos de confusão neste sacrílego trabalho de fabricar mediadores, que são citados pelo Dr. Maitland.[27] Uma confusão, como vereis, proveio da ignorância da gramática latina; e a outra de um conhecimento defeituoso das antiguidades romanas.

Acharam a inscrição:

D.M. [Aos manes divinos — fórmula pagã]
Júlia Evódia, Filha, à sua pura e digna mãe,
que viveu LXX anos.

---

[24] Memórias da Academia de Belas letras e de Inscrições, tom. 13, citado na obra: *A Igreja nas Catacumbas*, p. 181.
[25] "Pelos seus frutos os conhecereis", Mateus 7.16,20.
[26] 2 Timóteo 2.19.
[27] *A Igreja nas Catacumbas*, pp. 182,187.

Nunca santo algum foi fabricado com tanto desleixo: não conhecendo ou não atendendo à diferença entre o caso nominativo e o dativo, quem achou a inscrição tirou a conclusão de que a sepultura era de Júlia Evódia. E assim inventou Santa Júlia Evódia. Isto passou-se em Tolosa, mas o estudo da gramática desfez a ilusão e Santa Júlia foi privada da sua santidade porque reconheceram que a sepultura era da mãe.

O outro caso é igualmente feliz. Tomou-se como o epitáfio de São Viar, um antigo fragmento de pedra encontrado assim inscrito: S. VIAR. Algumas pessoas bem intencionadas, diz o Dr. Maitland, "não se importando com a singularidade do nome ou com a completa falta de testemunhos a favor da santidade do falecido, corajosamente estabeleceram o seu culto". Dirigindo-se depois ao papa urbano para solicitar indulgências (isto é, remissão do castigo pelo pecado, em razão de orações dirigidas àquele santo), os antiquários, esses importunos tão difíceis de satisfazer; sem as devidas pesquisas, mandaram vir a pedra, descobrindo-se então ser um fragmento com parte do título *Inspector das Estradas*; sendo S a última letra de *Proefectus*,[28] e Viar, as primeiras quatro letras de *Viarum*. É bem possível que essa lage formasse parte de um marco miliário.

Vou apresentar outro caso porque mostra ousadia de invenção tal que põe a um canto esses casos individuais. Quem já visitou a cidade de Colônia, no Rena, ou leu acerca daquela" cidade santa", saberá que ela não tem rival no número e na santidade das relíquias que possui de santos, apóstolos e profetas — "um enorme museu de anatomia, inútil tanto a vivos como a mortos; e unicamente comemorativo da fraqueza, das trevas, da ignorância e da superstição do espírito humano". Assim o descreve o Dr. Jaime Johnson. Este engana-se, contudo, quando diz que aquelas relíquias são "inúteis tanto a mortos como a vivos". Os *mortos* estão, sem dúvida, além de sua influência; os *vivos*, porém, fazem uma rica colheita com as esmolas dos supersticiosos. O dinheiro dado — vergonha é dizê-lo — pelos

---

[28] Ou a última letra do genitivo singular (Curatóris) de *Curator Viarum*, cargo a que as Catacumbas frequentemente se referem. — Vide de Aringhi, *Roma Subterrânea*, vol. 2, pp. 338 e 339, etc. Quem quisesse fazer uma conferência sobre este assunto, para tornar esta explicação bem clara, deveria copiar a inscrição da seguinte forma: PraefeconS VIARum ou CuraioriS VIARum.

próprios protestantes curiosos, que constantemente visitam essa casa de ossos, é suficiente para manter verdadeiros enxames de padres e de frades na ociosidade e na luxúria. O próprio Dr. Johnson confessa que cometeu "uma tolice gastando alguns dias e alguns dólares para examinar essa verdadeira mascarada".

Seria impossível enumerar todas as *maravilhas* que se abrigam na tal Casa das Relíquias. Basta dizer que existe um pouco do *leite da virgem Maria*, a cabeça do apóstolo Pedro, "as entranhas" da rainha Maria de Medicis, e os crânios dos três Magos que adoraram o Salvador e lhe ofereceram presentes. Não precisamos acrescentar que os *miolos dos Magos* não estão em Colônia, pois os crânios estão tão vazios como as cabeças daqueles que pagam para vê-los.

Todas essas relíquias, porém, ficaram a perder de vista comparadas com a vasta coleção existente na Igreja de Santa Úrsula. Ali jazem os restos mortais de um vasto "exército de mártires"; os ossos de não menos de *onze mil virgens inglesas*! Como lá foram parar é que ninguém sabe ao certo e a história delas é também muito contraditória. Dizem que estavam de caminho de Rouen e, ou tomaram o véu ou sacrificaram as suas vidas para evitarem casamento com os bárbaros hunos que então possuíam a cidade. O que aquelas onze mil jovens donzelas teriam que fazer em Rouen, ou por que motivo, nessa ocasião, ou mesmo em qualquer outra, abandonaram o lar materno; ou em que frota atravessaram o mar, são pontos sobre que a história não nos informa. Em todo o caso, lá estão os ossos, e a Igreja Romana decretou a sua santidade e instituiu um culto e um dia santo em sua honra.[29]

Toda esta história das onze mil virgens santas e mártires pode, sem dúvida, filiar-se à mesma origem dos outros casos que já foram apresentados: interpretação incorreta de alguma inscrição obscura.

"Não há nada", diz o Dr. Maitland, "que se contraponha à suposição de que toda a história se funda numa decifração errônea de inscrição: URSULA. ET. XI. MM. VV. interpretada: *Úrsula e onze*

---

[29] O Breviário de Salisbury de 1555 (isto é, o ritual daquela diocese, anterior à Reforma) indica a seguinte oração para a "Festa das Onze Mil Virgens": Ó Deus, que, pela gloriosa paixão das benditas virgens, tuas mártires, fizestes deste dia uma santa solenidade para nós, ouve as orações de teus filhos e concede que desejamos libertados pelos *méritos e intercessões daquelas*, cuja festa hoje celebramos", etc. (*A Igreja nas Catacumbas*, p. 163). Nada poderia, com maior clareza do que esta passagem, provar que a Igreja de Roma faz dos santos e dos pseudo-santos *mediadores e intercessores*.

mil virgens em vez de Úrsula e onze virgens mártires.³⁰ Na verdade, numa lista de relíquias publicada no ano 1117, mencionam-se os restos mortais das onze virgens; esses ossos não se tinham então multiplicado por mil, como aconteceu mais tarde".

O fraco testemunho histórico sobre que se baseiam as homenagens idólatras, ainda tributadas às relíquias, pode ser bem apreciado no caso da chamada Santa Teodósia de Amiens. O seu epitáfio, encontrado numa catacumba perto da Via Salariana, diz assim:

AURELI E THEODOSI E BENIGNISSIM E ET

INCOMPARABIL

E FEMIN E AURELIUS OPTATUS: CONIVGI

INNOCENTISSIM E NAT. AMBIANA.

AURÉLIO OPTATO, À SUA INOCENTÍSSIMA ESPOSA

AURÉLIA TEODÓSIA:

MULHER BENIGNÍSSIMA E INCOMPARÁVEL AMBIANA

DE NASCIMENTO.

"A Congregação das Relíquias decidiu que Teodósia era santa e mártir, e natural de Amiens. Seus restos mortais foram solenemente conduzidos para aquela cidade no dia 12 de outubro, e recebidos com a maior magnificência por não menos de *vinte e oito prelados mitrados e mil e quinhentos outros eclesiásticos*. Foram colocados em um altar suntuoso e honrados como nos tempos antigos honrariam uma deusa titular. O Cardeal Wiseman pregou na solenidade [...] O Bispo recomendou a homenagem a essas relíquia, porque, disse ele, os mártires são, depois de Jesus Cristo, também *Cristos* para abrirem o céu ao gênero humano."

Ainda há relativamente pouco tempo, em 1870, as relíquias de uma Santa Aureliana, virgem mártir do terceiro século, foram transferidas das catacumbas, com muitas cerimônias religiosas, para Cincinati, nos Estados Unidos.

Na Catedral católica romana de Búfalo, no Estado de Nova York, existe uma laje, retirada das catacumbas, com a seguinte inscrição:

---

³⁰ *A Igreja nas Catacumbas*, p. 163.

D.P., Peregrinus, XII Kal. Martias Q. VIXIT M.
Peregrino, enterrado no dia duodécimo anterior às calendas de março, que viveu... meses.

"Era portanto uma criança; pois, apesar disso, pretendiam que fosse um mártir; e uma figura de cera de um *adulto*, com lanhos profundos, expõe a maneira suposta da sua morte. A seus pés acha-se colocado o que dizem ser um vaso com o sangue do mártir! Na mesma igreja existe o que dizem ser um grande pedaço da verdadeira cruz de Cristo, e pedaços dos ossos de S. Pedro, S. Paulo e de muitos outros santos mártires![31]

Concluiremos esta parte do assunto referindo a *invenção*, bem conhecida, de uma santa, ainda adorada pela igreja de Roma, não obstante ter sido desmascarada a fraude, e esclarecido o assunto por homens doutos daquela mesma igreja. É o caso de Santa Verônica, cujo nome e existência derivam das palavras *Vera icon* (retrato verdadeiro), outrora escritas por baixo de todas as figuras que pretendia ser representações de Cristo. Estas cópias vieram com o tempo a chamar-se de lendas, baseadas no uso errôneo da palavra *Veronicae*, a santidade e a história de santa Verônica, e que estabeleceu o seu culto pelo Papa João XXII, dirigida ao suposto retrato de Cristo, concede dez mil dias de indulgência aos que a proferiram. Em Roma, em ocasiões fixas, o *lenço* de Santa Verônica é adorado publicamente e a cerimônia é realizada com o maior esplendor. Poucas partes do ritual romano estão mais calculadas para referirem a imaginação."[32]

"Como se fez prostituta a cidade fiel!"[33] Em lugar da adoração do seu Senhor e Salvador, achamos a igreja cuja "fé era divulgada por todo o mundo"[34] e cujos primitivos crentes preferiram, cheios de gozo, ser lançados às chamas, às feras ou à tortura, do que praticarem o ato mais simples de idolatria, gloriando-se, agora na sua própria vergonha, prestando homenagem e adoração a uma obreia,

---

[31] *As Catacumbas de Roma*, de Withrow, pp. 141-143.
[32] *A Igreja nas Catacumbas*, de Maitland, pp. 160 e 161.
[33] Isaías 1.21.
[34] Romanos 1.8

a santos mortos, a espíritos e a relíquias, e ate mesmo a homens e mulheres imaginários, que somente existem nas lendas mentirosas que ela inventou! Há razão para dizer que a religião que Roma apresenta aos seus adeptos é uma forma de "cristianismo" *adulterado, corrompido, paganizado.*

AS REVELAÇÕES DAS CATACUMBAS CONTRA O ROMANISMO

"Mudaram a verdade de Deus em mentira..."
Romanos 1.25

Já mostramos como a Igreja Romana desonra a Cristo quando trata dos ofícios de Sacerdote e de Mediador, atribuindo-os a outros, quando são exclusivos do Senhor Jesus. Expomos que essa instituição, repetida a cada missa, menospreza a obra redentora na Cruz. Agora, vamos falar da desonra que é feita a Cristo por outra doutrina introduzida pela Igreja de Roma, a do *Purgatório*, no qual os cristãos, depois da morte, são limpos e purificados do castigo *temporal* que lhes é devido.

Nas Escrituras não há base alguma para tal doutrina. Perdão e salvação imediata e completa é o que é oferecido a todos os verdadeiros crentes em Jesus, sem qualquer reserva. Não segundo os méritos de cada um, mas em virtude do verdadeiro sacrifício que Cristo ofereceu a todos. Estamos certos de que "o sangue de Jesus Cristo nos purifica de *todo o pecado*".[1] O sacrifício foi *completo*; um sacrifício de satisfação plena, perfeita e suficiente, pelos pecados de todo o

---

[1] 1 João 1.7.

mundo.² Roma afirma a insuficiência desse sacrifício, e diz que o que o Salvador não podia fazer, ou não fez, os seus *sacerdotes* podem: livrar do castigo as almas que sofrem. Este é um assunto grave que se não deve tratar levianamente.

A Bíblia fala-nos de dois estados ou condições depois da morte, sendo um a separação eterna da presença de Deus, e o outro, a felicidade eterna e pura. Aqueles que se sentem salvos estão certos de que a sua bem-aventurança é imediata e completa. *"Ausente do corpo e presente com o Senhor"* é a doutrina da Escritura.³ O sistema corrupto de que falamos não oferece aos pecadores perdoados doutrina tão cheia de conforto como esta.

Aos seus adeptos, Roma só pode prometer que a alma, quando deixar este corpo, irá, por muito ou pouco tempo, para as chamas do Purgatório, pagar com castigo o que havia de insuficiente na expiação feita por Cristo. Esta falsa doutrina coloca nas mãos do padre um poder que nenhuma potência do mundo possui. Para os ignorantes e supersticiosos, o padre maneja "os poderes do mundo futuro" e assume a prerrogativa de Cristo, que "abre e ninguém fecha, e que fecha e ninguém abre".⁴

De fato, esta doutrina coloca nas mãos do padre as chaves da prisão; e ele não se acanha em a usar como a chave dos tesouros deste mundo. Ensinar que há um purgatório, que a demora ali é incerta e que pode ser diminuída ou prolongada à vontade do padre, é a usurpação mais atrevida de poder e, ao mesmo tempo, o plano mais lucrativo para um sistema sacerdotal, que o mundo jamais presenciou.

Alguém talvez pergunte qual a extensão e duração deste pretenso castigo expiatório preparado para os cristãos. Respondamos informando a soma das remissões, que diversos papas, com o nome de indulgências, têm concedido sob certas condições. Isto dará uma ideia da extensão provável deste processo expiatório e do "conforto" que os cristãos, morrendo naquela igreja, poderão sentir ao enfrentar a morte.

O papa João XXII concedeu certa ocasião 300 dias de indulgência; o papa Bonifácio deu a todos que dissessem uma certa ladai-

---

² Livro de oração comum a várias igrejas evangélicas.
³ 2 Coríntios 5.8.
⁴ Apocalipse 3.7.

nha à Virgem sete anos e quarenta quaresmas de indulgência; João XXII, por sua vez, ofereceu 3.000 dias de indulgência. Outra indulgência concedida por cinco papas confere 500 anos e outras tantas quaresmas de indulgência. O papa Bonifácio VI foi ainda mais liberal: concedeu a quem repetisse certas orações chamadas *Agnus Dei* 10.000 anos de indulgência. O papa Sixto, em consideração a uma oração que devia ser repetida com devoção em frente à imagem da Virgem, concedeu 11.000 anos de indulgência. Burnet menciona outro caso, no qual concederam a todos que perante certa imagem rezassem, com devoção, cinco *Padre-nossos*, cinco *Ave-marias*, e um *credo*, contemplando piedosamente os símbolos da paixão de Cristo, 32.755 anos de indulgências; finalmente Sixto IV, papa e Roma, ajuntou umas orações e dobrou a indulgência acima mencionada, isto é, estendeu o seu poder de indulgência a 65.510 anos. O que é feito do perdão de todo o pecado oferecido pelo sangue de Cristo, se ainda restam aos crentes (cristãos, notem!) *sessenta e cinco mil anos de castigo no purgatório?*[5] Esta doutrina introduz o que Cristo condenou e denunciou: *a venda de perdão*; porque a Igreja Romana vendeu perdões e indulgências aos que as podiam pagar,[6] e ainda hoje pratica obras semelhantes.

Entre os pagãos os ricos podiam conseguir o que os pobres não podiam; porém, o Evangelho do Salvador é para ser anunciado aos mais pobres, "sem dinheiro e sem preço". Quando João Batista, de sua prisão, mandou indagar a verdade do que se dizia a respeito do Messias, o Cristo apontou como testemunho o fato novo do Evangelho ser anunciado aos pobres. A religião de Jesus, em sua pureza, é uma religião especialmente adaptada ao pobre, e podemos ficar certos de que é espúria a religião que exige uma contribuição como condição de entrada no Céu. O maior e mais valioso sacrifício que podia ser oferecido, já foi oferecido. Se pudéssemos oferecer todo ouro que o mundo contém não seria mais do que escória o seu valor, comparado com as *riquezas incomensuráveis de Cristo*.[7]

---

[5] Estes casos de indulgências ou remissões de castigo foram colhidos na parte da *História da Reforma*, do Bispo Burnet, pp. 38 a 58.
[6] Ver um pequeno folheto de N. Roussel, publicado em português e intitulado *A religião do dinheiro*.
[7] Efésios 3.8.

Antes de declarar o que as catacumbas nos contam do Purgatório, diremos que essa doutrina romana nem mesmo possui o mérito da originalidade. É a imitação grosseira e artificiosa de uma ideia pagã, tão claramente demonstrada na Eneida do poeta pagão Virgílio, como se aquele poeta fora católico-romaro. Virgílio descreve o seu Purgatório no Canto VI da Eneida, com se pode ver no original ou em qualquer tradução.

Vamos agora ao testemunho das catacumbas. De todas as doutrinas de que temos falado, o Purgatório certamente não seria olvidado nos epitáfios, se tal ideia houvesse tido acolhimento na Igreja Primitiva. Quantas expressões de desejo pelas orações e esmolas dos vivos não teriam ficado gravadas se houvesse a crença de que isso podia tirar as almas das chamas! Mas o que é que se dá? *Nenhuma palavra, nem mesmo uma referência vaga ao Purgatório se encontra nas catacumbas!*

EM DEUS.
EM CRISTO.
EM PAZ.
EM REPOUSO.
NA MORADA DO DEUS ETERNO.
LEVADO PELOS ANJOS.
DESCANSANDO.
É PROIBIDO CHORAR.
ELE MORA ACIMA DAS ESTRELAS.

Tais são os ecos invariáveis das galerias das catacumbas.

"Nenhuma condenação há para os que estão em Cristo"; "Ausentes do corpo, presentes com o Senhor"; "Desejando partir e estar com Cristo". Tais eram as doutrinas e a fé dos cristãos primitivos. Eles criam nas misericordiosas palavras outrora ditas a um desgraçado pecador, o chamado Bom Ladrão, arrancado de um mundo de pecados: "Hoje estarás comigo no *Paraíso*", Essas foram as gloriosas palavras de Cristo que provam ser o Purgatório uma pura invenção de Roma.

Withrow escreve: "Todas as expressões das catacumbas, aplicadas à morte do crente, indicam a certeza da paz e da felicidade do espírito". E cita o seguinte: "Ano 339. Descansando bem em paz"; "Finado em paz"; "Ano 348. Quiescit [descansa]".

"Nas catacumbas", continua, "não existe traço algum daquela doutrina torturante que suspende o coração nas garras da terrível incerteza e arranca, das afeições saudosas, rios de dinheiro para um sacerdócio mercenário que se arroga funções fantasmagóricas para libertar das chamas do Purgatório as almas dos finados. Não! A Igreja Primitiva possuía a fé de que os seus membros queridos que tinham partido estavam já na vida eterna e na doce bem-aventurança do Paraíso".[8]

Estamos justificados da afirmação de que o Romanismo é a corrupção e paganização do "cristianismo". É verdade que o sacerdotalismo, o sacrifício da missa, os "santos mediadores" e a doutrina do Purgatório são, principalmente, influência do paganismo. Isto tudo desonra o cristianismo, que é puro e vivo.

A Igreja Romana pretende-se a interpretadora das *Escrituras Sagradas*. É desnecessário provar que as Escrituras contêm mandamentos e incentivos para que todos a leiam e a examinem, alcançando a compreensão de seu ensino segundo o talento e inteligência que Deus deu a cada um. Sobre este aspecto nossa prática é a mesma da Igreja Primitiva. Os crentes de Bereia foram louvados pelo interesse que mostravam pelas Escrituras.[9] Timóteo recebeu aplausos por conhecer as Escrituras *desde a sua infância*, e foi-lhe recomendado que continuasse a estudá-las.[10]

Porém, não é só nas Escrituras que temos a prova deste fato. Tertuliano, que viveu no segundo século, informa-nos de que nas festas de caridade *"as Escrituras eram lidas e explicadas"*. Também Justino Mártir nos diz: "No dia chamado Dia do Sol[11] todos os que moram na cidade ou no campo reúnem-se em um mesmo lugar, onde *leem os escritos dos apóstolos e dos profetas*, durante o tempo de que podem dispor".

---

[8] As Catacumbas, de Withrow, pp. 424 e 445 a 446.
[9] Atos 17.11.
[10] 2 Timóteo 3.15,16.
[11] O apologista dirige-se aos pagãos e por isso chama "Dia do Sol" ao Domingo, que quer dizer, Dia do Senhor, e era assim, Dies Domini, como os primitivos cristãos chamavam ao primeiro dia da semana.

Também a existência do cargo de *lector* (leitor) prova que o serviço público religioso consistia principalmente na leitura das Escrituras. O fato de formarem as Escrituras o estudo principal dos cristãos primitivos é tão notório que é desnecessário dizer mais, salvo que cada escritor cristão dos três primeiros séculos cita as Escrituras com abundância. Na verdade, já foi asseverado com muita verdade que, se os livros sagrados fossem perdidos ou destruídos, quase tudo poderia ser recuperado por meio dos escritos cristãos dos primeiros três séculos.

Mas o que dizem as catacumbas sobre este ponto? A evidência é tão abundante e satisfatória quanto se poderia desejar. As galerias das catacumbas fornecem-nos exemplos vivos. Os artistas cristãos inspiravam os seus desenhos na história sagrada; era a única história que conheciam ou queriam conhecer. Se ignorássemos inteiramente o primitivo desenvolvimento da arte cristã em Roma, haveria quatro coisas que nos afigurariam como probabilidades em relação a isso.

Primeira: considerando a abundância de material apropriado, a perfeição que as belas-artes tinham atingido, a aptidão dos romanos para a escultura, esperaríamos achar traços de arte, deixados pelos cristãos das catacumbas, ainda que humildes.

Segunda: esperaríamos descobrir que a sua *religião* formava o tema sobre que exercitassem o seu gênio artístico.

Terceira: no meio da perseguição, sofrimento e incerteza de vida, esperaríamos que escolhessem assuntos que representassem a sua posição, ou manifestassem pelos sofrimentos ou triunfos dos outros.

Quarta: ponderando que muitos deles foram educados no paganismo, não estranharíamos qualquer confusão de ideias pagãs e cristãs nas suas obras de arte.

Ora, é interessante descobrir que a este respeito as belas-artes praticadas nas catacumbas correspondem exatamente às condições que pediríamos. Muito mérito artístico no tratamento e na execução transparece a cada passo; a história sagrada é quase invariavelmente o assunto das iluminuras e ilustrações. Os sofrimentos do povo de Deus ou a sua libertação da morte são os tópicos predominantes. Os seus próprios sofrimentos, por uma delicadeza de sentimento sem igual, não são realçados, ao passo que inconsistências pagãs aparecem ocasionalmente, fornecendo-nos uma prova satisfatória do caráter genuíno das obras descobertas.

Examinemos algumas dessas interessantes obras de arte, fazendo comentários sobre cada uma. Primeiramente sobre assuntos no Antigo Testamento.

Noé em segurança na Arca, tipo daqueles que procuraram refúgio na Igreja Cristã, é representado, geralmente no ato de receber a pomba com o ramo de oliveira, significando paz, esperança, reconciliação. Eis uma gravura, reprodução dum quadro sobre Noé, que poderá servir como espécime de um bom número de quadros semelhantes.

Agora, Jonas, talvez o personagem favorito. Sua história era considerada símbolo da morte e da ressurreição. "Nas capelas subterrâneas", diz o Dr. Maitland, "quando os vivos estavam separados dos mortos apenas por uma laje de pedra, e algumas vezes sujeitos a irem fazer-lhes companhia por causa da violência dos seus inimigos, mesmo antes do fim do seu culto, a esperança de uma vida futura ocupava naturalmente um lugar proeminente no seu credo e tudo que pudesse auxiliar uma fé vacilante a ser firmada na alegre realidade era avidamente aproveitado". Jonas escapando do peixe ou reclinando debaixo da hera pode ver-se por toda parte, primeiro riscado nas paredes e depois esculpido nos sarcófagos.

No emblema de um santo ressuscitado, esqueceram-se dos pecados e das tristezas do herói original. Porém, ainda há um sentido mais profundo nesta inscrição muitas vezes repetida:

"Um maior do que Jonas está aqui"

Era a aplicação divina deste personagem à morte e ressurreição de Cristo que lhe dava interesse particular; pois a Igreja viu, por uma dedução feliz, na ressurreição do seu Chefe, a ressurreição certa de seus membros.

Num pequeno fragmento de mármore, o cristão dos tempos antigos traçava o seu próprio destino; a sua passagem do elemento estável pela porta da morte, representada no terrível monstro, que pôde agarrar, mas não reter a sua presa. Na representação, Jonas está sendo expulso do navio para a boca do grande animal. Tudo é evidentemente simbólico, emblemático e não rigorosamente histórico. A própria rocha a que Jonas se segura talvez tenha referência ao emblema bíblico de Cristo.

Damos aqui outros assuntos do Antigo Testamento que têm uma significação semelhante. Já vimos anteriormente, em uma pintura a fresco, Daniel libertado dos leões. De um fragmento de sarcófago vemos agora os três jovens salvos da fornalha ardente da Babilônia, achando-se representados em atitude de oração.

Ou a entrada triunfante de Elias no céu, em um carro de fogo, com a capa, de tamanho desproporcional, a ser entregue a Eliseu, que, para mostrar a diferença de idade, é representado como uma criança. Este último caso revela grande arrojo como obra de arte.[12]

---

[12] *A Igreja nas Catacumbas*, de Maitland, p. 304. Uma reprodução desta moeda aparece no final deste capítulo.

Todos estes assuntos são alegres e animadores. A Igreja Primitiva nunca representava cenas de caráter triste: o livramento de um judeu dos leões da Babilônia era preferido à destruição de um cristão pelos do Coliseu. Os três hebreus preservados da ira de Nabucodonosor eram mais consoladores que as vítimas da crueldade de Nero, envoltas em pano alcatroado e usadas como tochas para iluminar o circo.[13]

Passemos ao Novo Testamento.

Não é necessário reiterar as observações já feitas a propósito do Antigo Testamento, porque também são aplicáveis aqui. A ressurreição de Lázaro é um assunto muito frequente nos sarcófagos, e muito apropriado. Temos aqui um caso em que o túmulo de feitio romano e a figura à moda egípcia denotam o artista pagão, ou pelo menos imbuído de ideias pagãs. Aos pés do Salvador está uma figura, talvez Maria, irmã de Lázaro; ou talvez represente Lázaro, "ligados os pés e mãos com as ataduras".[14]

Acha-se também representada nas catacumbas uma grande variedade dos milagres de Jesus. Algumas gravuras representam o milagre da multiplicação dos pães e dos peixes; outras, a mudança de água em vinho, em Caná da Galileia.

Um dos argumentos da escola materialista do século passado era que, se os cristãos primitivos tivessem crido nos milagres de Cristo, apelariam para eles com maior

---

[13] *A Igreja nas Catacumbas*, p. 11.
[14] João 11.44.

frequência nas suas controvérsias com os adversários pagãos. Sobre a resposta a esta objeção o Dr. Paley mostrou muito conhecimento e tino nas suas *Evidências do Cristianismo*.[15] Mas se o autor tivesse tido o conhecimento das catacumbas cristãs que nós temos hoje, ter-se-ia poupado muito trabalho e desfeito a objeção, apontando para as *evidências esculpidas* na rocha com estilete de ferro para sempre.

Cristo, no seu caráter evangélico de *Bom Pastor*, é uma decoração muito favorita nas catacumbas. Nos três desenhos apresentados abaixo encontramos o assunto levemente variado. Em dois deles o Bom Pastor leva para casa os cordeiros extraviados e fracos. Está vestido à moda romana. A flauta pagã, a flauta de pan, está representada para indicar o cargo. No desenho seguinte, observa-se o monograma de Cristo na cabeça da figura, a fim de remover toda a dúvida quanto à pessoa representada. Pode-se notar nestes desenhos grande diversidade de idade e de aparência pessoal. É evidente que os cristãos da Igreja Primitiva nunca tentaram fazer *retrato* algum do seu Divino Mestre, de cujo semblante, ainda que houvessem sido transmitidas quaisquer descrições, nenhuma semelhança havia sido preservada.

---

[15] Parte 3, cap. 5.

Parece que os cristãos primitivos estavam tão pouco dispostos a tratar dos sofrimentos do seu Senhor, como dos seus próprios. Quase que a única alusão aos sofrimentos de Cristo encontrada nas catacumbas está num sarcófago, representando cenas das últimas horas de Cristo na Terra.

Um quadro representa Cristo sendo coroado por um soldado romano; mas com uma habilidade tocante o artista evita a ideia da dor, substituindo a coroa de *espinhos* na cabeça do Salvador, por uma de *flores*. A razão melhor e mais plausível que pode justificar esse procedimento é que os cristãos daquele tempo consideravam, mais do que o temos feito em épocas posteriores, os sofrimentos de Cristo e do seu povo como motivo para alegria. Os apóstolos consideravam-se felizes por terem sido considerados dignos de sofrer perseguição por amor de seu Salvador crucificado;

e Paulo podia exclamar: *"Deus não permita que me glorie, senão na cruz de nosso Senhor Jesus Cristo"*.

Encaravam os sofrimentos alegremente, como matéria para regozijo. Foi uma época posterior e mais fria que introduziu as representações dolorosas dos sofrimentos da natureza humana de Cristo, para auxiliar a fé decadente, e quase extinta. Entre as escassas alusões às cenas da paixão de Cristo sobre a Terra, há duas, aqui representadas: Uma delas representa *Pilatos, a esposa e um servo*; o primeiro está lavando as mãos à moda oriental, como relata Mateus 27.24. O assunto, como Dr. Maitland sugere, parece fazer referência à declaração da inocência de nosso Senhor: *"Sou inocente do sangue desse justo"*, e, portanto, a inocência dos cristãos quanto à acusação de traição que contra eles fizeram os seus perseguidores pagãos.

A outra escultura é dum sarcófago. O assunto é Pedro negando o seu Mestre e o galo cantando. Esta obra de arte é de data posterior ao tempo de Constantino, porque aparece no fundo uma das Basílicas Romanas, ou Tribunal de Justiça, construído durante aquele reinado para uso dos cristãos, como lugares de culto. Estes edifícios servem para mostrar a origem de organizações eclesiásticas, que desde então entraram em uso geral.[16]

Muitos dizem que se as Sagradas Escrituras se tivessem perdido, quase todas se podiam reconstituir pelos escritos dos primeiros escritores sagrados, os santos padres. Pode-se mesmo asseverar que os acontecimentos mais interessantes e proeminentes narrados na Escritura se poderiam reconstituir por meio de pinturas e esculturas encontradas nas catacumbas. Constituem uma vasta galeria da arte ou ilustração bíblica; e servem para que ninguém hoje em dia tenha o arrojo de afirmar que os cristãos primitivos não possuíam ou não conheciam as Escrituras.

O que se chama "Ciclo Bíblico" das catacumbas compreende o grande drama da Redenção desde a queda do homem até a sua restauração por meio do homem maior, Jesus Cristo. O que segue é um catálogo imperfeito de assuntos bíblicos ilustrados nas catacumbas romanas.

---

[16] Encontra-se plena e satisfatoriamente estudada a origem da arquitetura eclesiástica na obra *A Igreja nas Catacumbas*, do Dr. Maitland, 2ª edição, pp. 339-349. A Capela da Catacumba e o Tribunal Romano foram os primeiros modelos que inspiraram a arquitetura eclesiástica, o que se efetivou no quarto século. As torres e as espirais foram introduzidas mais tarde.

ASSUNTOS DO ANTIGO TESTAMENTO:
- A tentação e queda do homem.
- A sentença sobre Adão e Eva.
- Noé na arca.
- O sacrifício de Isaque.
- Moisés no monte.
- Moisés recebendo a lei.
- O maná no deserto.
- Moisés tocando na rocha.
- Os sofrimentos de Jó.
- A transladação de Elias.
- Os três jovens na fornalha.
- Daniel na cova dos leões.
- A história de Jonas.

ASSUNTOS DO NOVO TESTAMENTO:
- A adoração dos Magos.
- Cristo e os doutores.
- A mulher samaritana.
- Cristo e o paralítico.
- A mulher com o fluxo de sangue.
- Cristo abrindo os olhos aos cegos.
- Cristo e as crianças.
- O milagre dos pães e dos peixes.
- A mudança da água em vinho.
- A ressurreição de Lázaro.
- A entrada triunfal em Jerusalém.
- A negação de Pedro.
- Pilatos lavando as mãos.
- O Cireneu levando a cruz.
- Cristo coroado com flores.
- O Bom Pastor (por toda parte).
- Cristo crucificado (em parte nenhuma).

O monograma, já explicado, ou a cruz de duas linhas traça das nas campas, era no princípio o modo simples adotado para exprimir a fé num Salvador crucificado. A transição do simples para o complicado, do pacífico para o horrível, está bem explicada nos seguintes extratos: "Os símbolos primitivos eram tão rudimentares como alegres. *Duas linhas em cruz* recordavam toda a história da paixão. No decorrer do tempo, a fé começa a esfriar, e o escultor julga então necessário sugerir com mais força o sentido do símbolo. Pelo ano 400, aparece ao pé de uma cruz *um cordeiro branco*[17]: como auxílio do emblema do sacrifício, o gênero humano pretende lembrar expiação por mais trezentos anos. No ano 706 o Concílio Quinisextano retirou o cordeiro branco e pintou em seu lugar *um homem*, primeiramente visto debaixo da cruz com os braços estendidos como quem ora. Este interessante símbolo parece ter durado todo aquele século.

"No nono século, o pintor levantou Cristo, colocando-o no madeiro. O sol e a lua obscurecidos aparecem agora por cima da cruz; mas Cristo ainda ora com as mãos livres. No décimo século Cristo é pela primeira vez representado como morto, com os cravos enterrados nas mãos e pés. Pelo século treze, a sua cabeça pende para um lado. Os pintores, tendo desenvolvido o símbolo da paixão desde a cruz simples até à pintura completa, foram seguidos pelos escultores, que, começando no século XIII, chegaram ao crucifixo portátil. A fé tinha se materializado. *A vista tinha sobrepujado a fé e o tato tinha sobrepujado a vista*".[18]

De passagem, ficamos conhecendo *o perigo de empregar símbolos em relação a coisas divinas*. Há uma tendência na natureza humana, evidenciada pela história, para abusar do uso de símbolos e cair no perigo da idolatria. Encerramos as referências às belas artes das catacumbas com uma citação que bem e concisamente resume tudo que ficou dito: "Pode-se com segurança dizer que as catacumbas, destinadas a serem o sepulcro dos primeiros Cristãos, habitadas durante longos períodos por mártires dizimados durante as perseguições da Igreja, não oferecem, na verdade, senão heroísmo nas suas pinturas históricas. Em sua parte puramente ornamental, nada mais

---

[17] Cânon 82.
[18] O simbolismo ainda para diante se degradou mais, e o "crucifixo vivo", com seus "estigmas", ou cinco chagas, apareceu depois inventado pela Igreja Romana. *A Igreja nas Catacumbas*, pp. 204-208.

do que assuntos alegres e animadores, tais como as representações da vindima, cenas pastoris, festas de caridade, frutos, flores, palmas, coroas de louro, cordeiros, e pombas. Numa palavra, *nada, senão o que um sentimento de inocência feliz sugere*. Aqui não há cenas de agonia; não há pinturas da cruz nem da paixão, nem da agonia, nem do suor de sangue, nem da morte ou do enterro. Para as cenas da crucificação deveis ir a outros cemitérios, que *não* foram decorados nos primeiros tempos do cristianismo".[19]

Continua Macfarlane: "No meio das suas vidas agitadas e na expectativa duma morte dolorosa, estes primeiros seguidores da fé consideravam a sepultura somente como *um caminho certo e curto para a felicidade eterna*. Longe de associá-la com imagens de tortura e horror, esforçavam-se por alegrar o túmulo com cores vivas e animadoras, apresentando a morte sob os símbolos mais agradáveis. Nestas criptas sombrias, entre todos esses fragmentos funéreos e restos dos mortos, não se vê um símbolo sinistro, nem imagens de desespero ou de luto ou sinal de ressentimento. Pelo contrário, todos estes assuntos respiram um sentimento de compostura, amabilidade e amor fraternal [...] Também nas primitivas igrejas, quando tentaram colocar pinturas nas paredes ou cúpulas, todos os assuntos eram tirados do Livro Sagrado. Os pintores que trabalharam cá em cima tiveram a mesma fonte de inspiração que os artistas que ornamentaram as catacumbas subterrâneas. E essa fonte era a Bíblia".[20]

---

[19] A representação mais antiga e existente da crucificação é uma miniatura num *Evangelarium sírio*, datado do ano 586 da nossa era. Nenhuma representação há das sete dores da *"Mater Dolorosa"* nem das Madalenas cadavéricas acompanhadas de caveiras desolhadas, como perpétuo *memento mori*. Não há pinturas da agonia de Cristo, nem de flagelos, torturas ou angústia do martírio como os que em muitas igrejas nos perturbam a alma. "Olhando para as catacumbas somente", diz Rochette, "supor-se-ia que as perseguições não fizeram vítimas, visto que o cristianismo primitivo não fazia alusão a sofrimentos". Agincourt diz que, durante 30 anos de investigações, achou somente uma pintura e essa mesma de estilo posterior, aludindo a martírio. (Ver As Catacumbas, de Withrow, pp. 227 a 228; 275 e 373.)

[20] *As Catacumbas de Roma*, de Macfarlane, pp. 124-126. Encontram-se ainda mais provas de que os cristãos primitivos usavam as Escrituras no fato de que havia, em tempos de perseguição, pessoas que se desfaziam delas, e que, por isso, eram chamadas *traditors*, isto é, traidores. Traidores de Deus, que tinha confiado à sua guarda um dom sagrado. Os *traditors*, quando assim procediam, eram consideradas pessoas *caídas*, isto é, apóstatas do cristianismo. Num sínodo reunido em Cirta, Numídia, por exemplo, um certo

Antes de terminar o assunto das *belas-artes* nas catacumbas, desejamos ainda que estas nos forneçam mais um testemunho contra uma prática que Roma introduziu, para sua perpétua vergonha: a de representar, como o fizeram os seus predecessores pagãos, *o grande Deus*, o eterno, imortal e invisível Jeová, *sob a forma de homem corruptível*. Os cristãos primitivos, se bem que tivessem pintado com toda a reverência e delicadeza Jesus Cristo em forma humana, nunca se atreveram a desenhar Deus Pai em semelhança humana.[21]

Nos casos em que o assunto exigia qualquer alusão a intervenção de Deus, introduziam o simbolismo da mão. Damos aqui dois casos, em um dos quais Moisés é representado recebendo as tábuas da Lei daquela mão envolta em nuvens e trevas. No outro, a mão estendida de Deus é representada interpondo-se para impedir o sacrifício de Isaque pelo patriarca Abraão. Esta mão simbólica veio a ser o germe de onde se originou o desprezo pelo Segundo Mandamento; desprezo que cresceu com o desenvolvimento da corrupção humana, chegando a ser tão flagrante e evidente, que foi necessário àquela igreja suprimir, como de fato suprimiu, esse mandamento do Decálogo que ensina ao povo.[22]

Paulo foi deposto do seu cargo sob a acusação de traidor, e ao proceder-se à consagração de seu sucessor, soube-se que, infelizmente, outros presentes tinham cometido o mesmo crime. *Optatus* de Schismat. *Donatist.* Liv. 1, p. 39; *Augustine* cont. Cresc. Liv. 3, caps. 26 e 28. Muitas outras referências ao crime de abandoner as Escrituras Sagradas estão contidas nos escritos referentes à Igreja Primitiva. Ver também o testemunho de Fénelon, escritor católico-romano, Euvres *Spirituels*, tom. 4, p. 241.

[21] O testemunho universal da antiguidade cristã opõe-se a esta prática tão comum na arte na Idade Média. O erudito Bingham (Orig. Ecles. Liv. 6, cap. 7), diz: "Em toda a história antiga, nunca encontramos um só caso em que Deus Pai seja representado". Segundo Hemans, na sua *História da Arte Sagrada*, em nenhum dos mosaicos sagrados de Roma, desde o século IV ao XIV, o Ser Supremo é representado, exceto simbolicamente por meio da mão. No século XIV, contudo, uma janela colorida, um vitral, representa o Eterno Pai *como um papa!* Entronizado em glória, coroado com a tiara papal, e vestido de alva túnica, sustentando uma cruz, da qual pende o corpo inerte do Filho de Divino.

[22] O segundo mandamento: *"Não farás para ti imagem de escultura, nem figura alguma de tudo que há em cima no céu, em baixo da terra ou nas águas debaixo da terra. Não as adorarás nem lhes darás culto".*

Existe, encontrado em um manuscrito francês do século IX, uma representação de *Deus Pai*, como *ancião* — precisamente o Júpiter dos pagãos, restaurado. Em dois manuscritos do Apocalipse, do século XIV, um dos quais está no Museu Britânico, aparecem representações de Cristo, como um cordeiro apoiado nas pernas traseiras e recebendo o livro com os sete selos "daquele que estava assentado no trono", isto é, do Pai, representando *como um homem*. Estes casos seriam ridículos se não fossem dolorosamente blasfemos e não vale a pena reproduzi-los aqui.[23] Em tempos posteriores este erro tornou-se mais frequente, e nas igrejas romanas, tanto as pinturas como as esculturas provam até hoje que as leis de Deus são desprezadas e reduzidas a nada; neste, como em outros pontos.

No geral das igrejas católicas romanas, o que se vê hoje é isto: a virgem Maria é representada como uma donzela, Cristo como um jovem, Deus Pai como um ancião e o Espírito Santo como uma pomba. Poder-se-ia talvez supor que a virgem Maria estivesse representada como adorando as representações das pessoas da Santíssima Trindade; não é, porém, assim no geral. *As pessoas Divinas é que estão coroando a cabeça da Virgem.*

---

[23] *Símbolos e Emblemas*, de Twining, Est. XI, figs. 3 e 5.

É assim em Paris, na grande igreja da Madalena: Deus-Pai é representado como *um homem* reclinado sobre um sofá! O Eterno JEHOVAH, "que não desfalecerá nem se fatigará",[24] está virtualmente representado como *descansando depois da fadiga da criação*! Em que é que tal sistema é melhor que o dos pagãos de outrora? Acaso poder-se-á chamar cristianismo a este sistema tão profundamente adulterado, que substitui a adoração espiritual de Deus por tais absurdos? Neste ponto as catacumbas são testemunhas vivas contra o Romanismo, e provam que esse sistema não é nem puro, nem primitivo.

A religião de Jesus Cristo distinguiu-se de tudo que o mundo até então conhecera como religião, principalmente pelo seu espírito de amor e de paz. A sua existência baseou-se em um ato de amor sem paralelo. Todas as suas leis resumem-se no amor a Deus e aos homens. Essas leis, expostas pelo seu Grande Autor, proíbem o ódio e prescrevem o amor: Abençoai e não amaldiçoeis. Com severidade pouco própria do meigo e bondoso Salvador, Jesus condenou o *espírito de perseguição* quando este apareceu no meio dos seus discípulos: "Vós não sabeis de que espírito sois. Porque o Filho do Homem não veio para destruir as almas dos homens, mas para salvá-las".[25] Assim Cristo falou, quando os discípulos sugeriram a propagação do Evangelho por meios que não eram a persuasão bondosa e a força do exemplo cristão.

Este não é o espírito com que a religião de Jesus tem sido apresentada ao mundo pela Igreja de Roma. Neste particular, essa igreja tem-se mostrado a mãe das filhas infiéis,[26] filhas que muitas vezes têm seguido o pernicioso exemplo da mãe e perseguido àqueles que não seguem as suas ideias. Roma permanece conspícua como igreja *amaldiçoadora e perseguidora*; amaldiçoa sistematicamente, horrivelmente. E quanto às perseguições e derramamento de sangue, tem sido a émula dos seus predecessores pagãos e bem ganhou para si o título que já lhe foi destinada no Livro Sagrado: *embriagada no sangue dos santos*.

Não tentaremos descrever o morticínio que ela tem cometido em nome da religião do amado Jesus. Nos vales do Piemonte, na Suíça,

---

[24] Isaías 40.28.
[25] Lucas 9.55,56.
[26] Apocalipse 17.5.

no Tirol e na Boêmia, o sangue dos albigenses, valdenses e muitos outros, que protestaram contra as corrupções de Roma, correu como água. No século XVI, na França, essa Igreja ofereceu o espetáculo de um espírito satânico de perseguição: homens, mulheres e crianças foram assassinados sem discriminação. Foram enforcados; queimados em fogo lento; atirados de precipícios; espetados em lanças. As crianças de peito, que ainda não distinguiam a sua mão direita, não foram poupadas: mataram-nas à vista das próprias mães. O sexo fraco da mulher não a protegeu: numa única ocasião quinhentas foram fechadas em um celeiro, que depois incendiaram, matando todas elas queimadas.

Isto, porém, não é tudo. Essa igreja formou um verdadeiro plano diabólico, estudado e metódico, para extinguir por completo na França o cristianismo puro, seguido pelos huguenotes ou protestantes. Esse plano começou a ser executado no dia 24 de agosto de 1572, continuando nos sete dias subsequentes. O morticínio que resultou desse plano é conhecido na história pelo *massacre de S. Bartolomeu*. Nesses dias morreram mais 5.000 pessoas em Paris e pelo menos 20.000 em outras partes da França. O papa então reinante regozijou-se com esta carnificina e publicamente rendeu graças a Deus por tão feliz sucesso e enviou congratulações ao rei da França pelo desempenho do plano *"desde longo tempo premeditado e tão bem executado"*. Chegou mesmo a cunhar uma medalha comemorativa, na qual Gregório XIII aparecia de um lado, e do outro o massacre com a inscrição: "A matança dos huguenotes, 1572".[27]

---

[27] Esta medalha está descrita na obra Numismata Pontificum Romanorum, tom. 1, p. 336. Laveleye, conhecido economista belga, censurando alguns atos de intolerância da Igreja Romana na Holanda, escreveu ainda no ano de 1888: "O papismo sempre considerou a destruição de hereges um triunfo para a Igreja. Antes de entrardes na capela Sixtina, no Vaticano, passareis por um salão chamado 'Sala Régia'. Nas paredes desta sala vereis suspensas pinturas de Vasari, representando os triunfos da Igreja Romana. Quatro destas pinturas mostram os horrores do massacre dos huguenotes na véspera de S. Bartolomeu. O papa Gregório XIII ordenou a perpetuação, nas paredes do seu palácio, em memória deste crime, cujo aniversário arrancou lágrimas dos olhos do velho Voltaire. O único lugar do mundo onde o assassinato é publicamente glorificado é a residência do papa.

"A Igreja Romana não tem em nada modificado os seus dogmas. Numa obra recentemente publicada pelo cônego Moulart, com aprovação eclesiástica, e intitulada A Igreja e o Estado, lemos na p. 297: É verdadeiramente impossível que a igreja não requeira

Medalha Comemorativa

A própria Inglaterra não escapou, apesar de ter sido uma das nações que mais cedo conseguiu libertar-se do jugo romano.

Os Países Baixos foram literalmente ensopados em sangue. O duque de Alba gabava-se de ter exterminado 18.000 protestantes em seis semanas, e o número dos que foram massacrados naquele país, unicamente por causa de sua religião, andou por 100.000! Na Itália, na Espanha, em Portugal, no México, ou em qualquer outro país para onde vos voltardes, e onde Roma dominou, lereis a história dessa igreja escrita em letras de sangue.

A Inquisição, essa instituição estabelecida para se opor ao movimento libertador da Reforma, sacrificou, desde o seu início, centenas de milhares — ou como alguns escritores asseveram — milhões de vítimas. O total nunca será conhecido até o dia em que a "terra descubra o seu sangue e nunca mais cubra os seus mortos".

Funcionando em segredo, destruindo a inviolabilidade dos lares e até a sua pureza, para melhor obter vítimas; condenando sem provas e

---

a sua prerrogativa de usar e de aplicar castigos contra os hereges."
Laveleye comenta: "Quando a Igreja Romana julga necessário excomungar hereges, todos os fiéis são obrigados a se absterem de ter relações com eles." Em todos os tratados concluídos com países católico-romanos por Pio IX, foi estipulado que a religião católica seria o único culto tolerado, e o exercício de qualquer outro culto proibido e perseguido.
Vemos, assim, que os papas Gregório XIII e Pio IX foram, senão os autores, ao menos os executores do sistema de Boycottage, que ainda prevalece onde a Igreja Romana pode dominar.

muitas vezes sem ouvir o acusado; extorquindo, por meio de torturas, testemunhos falsos para incriminar e fazer sofrer os próprios parentes mais próximos e queridos, a Inquisição apresenta-se como obra-prima da crueldade satânica, permitida talvez para nos servir de aviso para sairmos e nos livrarmos de Roma e do seu sistema.

E ninguém se iluda, dizendo: "Isto é história antiga; são coisas do passado". Qual dos cânones de Roma, recomendando a perseguição e o ódio, foi jamais anulado? Havendo um, minha caridade se preparará para admitir que essa Igreja mudou o seu caráter. Mas, provai-me que ela, ainda que não os tenha anulado, tem deixado de os usar onde pode, e então mudarei de opinião. A verdade, porém, é que as suas leis sanguinárias continuam nos seus códigos; as suas pinturas de perseguição continuam adornando as paredes do palácio dos papas; as suas medalhas sanguinárias figuram ainda na coleção do Vaticano.

A Inglaterra foi também perseguidora de consciência. Nos seus códigos figuravam leis recomendando a queima de "hereges" e a prisão, mutilação e execução dos não conformistas; sancionava também o uso da tortura para extorquir confissões. Mas estas leis foram derrogadas e ela agora pode defender-se se alguém lhe chamar perseguidora e cruel. Porém Roma, desde que resvalou para a intolerância, não mudou nem mudará.

Ainda há pouco os seus órgãos justificaram perseguições e mostraram que aquela igreja continua sedenta de sangue.

Não citaremos o que os protestantes dizem de Roma; citaremos, porém, o que Roma, falando do *L'Univers*,[28] órgão oficial do Romanismo no continente, diz a respeito da Inglaterra: "Um herege, examinado e condenado pela igreja, costumava ser entregue ao poder secular e punido de morte. Nada jamais nos pareceu mais natural ou necessário. Para cima de 10.000 pereceram em consequência da heresia de Wycliffe; um número ainda maior, pela de João Huss, e seria impossível calcular o derramamento de sangue causado pela heresia de Lutero. E ainda não acabou".

Que dizem as catacumbas sobre o espírito dos cristãos que as ocuparam? Certamente, se alguma vez alguém teve o direito de

---

[28] *L'Univers*, de agosto de 1851. Também artigos escritos em agosto de 1872, comemorando o tricentenário da matança de S. Bartolomeu, a justificar aquele vandalismo. Ver também a nota da p. 188 deste volume.

amaldiçoar, de odiar e de manter um espírito de vingança, foram aqueles pobres perseguidos condenados sem motivo; executados sem lei, sem processo e sem misericórdia. Porém, é digno de nota o fato de que nem uma palavra de ódio ou aversão foi pronunciada contra os perseguidores e inimigos. Não se encontra sequer um risco desgarrado em qualquer parede das suas prisões, denotando desejo de desforra, de maldição ou de vingança. Têm-se encontrado inscrições como as seguintes, porém com espírito bem diferente:

> MAXIMINO, QUE VIVEU XXIII ANOS, AMIGO DE TODOS.
> EM CRISTO.
> NO QUINTO, ANTES DAS CALENDAS DE NOVEMBRO,
> DORMIU GORGÓNIO,
> AMIGO DE TODOS E INIMIGO DE NINGUÉM.

A história do triunfo dos cristãos no tempo de Constantino revela-nos a mesma coisa. Libertados das perseguições dos pagãos e armados com os poderes do Estado, os cristãos não usaram esses poderes contra os seus inimigos e perseguidores; preferiram ocupar-se da libertação dos escravos, da abolição dos jogos sangrentos do circo. Preferiram isto a se vingarem das injúrias que tinham recebido. Quem dera que o historiador pudesse dizer o mesmo de todos os tempos posteriores!

À objeção: se o cristianismo é uma instituição e remédio divino, porque é que não conseguiu mais completamente a sua missão de acabar com os males que ainda afligem o nosso mundo? Já respondemos: "Porque o 'cristianismo' se corrompeu". Se o tempo permitisse, as provas poderiam multiplicar-se, mas limitemo-nos aos erros fundamentais do sistema; todas as outras matérias são apenas acessórias e meras consequências. Expusemos de uma maneira clara que estas corrupções fundamentais consistem no desprezo de Jesus Cristo, na usurpação dos seus direitos, pondo de lado os seus ensinos e usurpando-lhe as suas funções: a de *Sacerdote*, substituída por um sacrifício suplementar; a de *Mediador*, substituída por uma legião de medianeiros inúteis; a de *Profeta*, trocada pela supressão da Palavra de Deus.

Roma, voltando ao sistema pagão, veio manifestar as piores feições do espírito do paganismo. A razão por que isso foi permitido, não nos compete determinar. Basta notar que tudo foi claramente *predito*, e que a verdadeira Igreja de Cristo, desde os dias dos apóstolos até hoje tem sido consolada pela certeza de que também está predita a destruição desse falso sistema; e de que tal destruição será repentina, terrível e completa.[29]

Assim encarado este assunto, quão importante é para nós compreendermos claramente os princípios desse sistema, de maneira a nos precavermos contra as suas corrupções. Porque a Palavra inspirada, lavrando a sentença futura desse sistema, informa-nos de uma "voz" que de rijo soará: *Saí dela, povo meu, para que não sejais participantes dos seus crimes e para não serdes compreendido nas suas pragas!*[30]

O número dos que ainda se submetem às doutrinas de Roma é muito grande; e ela tem muitos admiradores que em secreto lhe dobram o joelho sem o professar abertamente. Alguém perguntará: "se é um sistema corrupto, por que então tantos deixam-se enganar e dizem que o Romanismo é apostólico, primitivo, puro e universal?" Respondemos: Maioria numérica (mesmo que Roma a possuísse) não poderia resolver questão de verdade ou de erro. Quando o cristianismo chegou ao mundo, o paganismo era universal; esse fato, porém, não provou que o paganismo fosse verdadeiro e que o cristianismo falso. Presentemente, segundo se crê, os adoradores de Buda, na Índia e na China são, em número, superior aos que professam qualquer outra seita religiosa, porém, esse fato não pode determinar a verdade do budismo. O número dos que são enganados pelo erro não pode converter o erro em verdade. Dá-se o mesmo com a repetição persistente de qualquer declaração: uma mentira, ainda que muitas vezes repetida, continua a ser sempre mentira. Nos *Atos dos Apóstolos* conta-se que uma vez os habitantes de Éfeso gritaram por espaço de duas horas: "Grande é a Diana dos Efésios!" — mas nem por isso fizeram divina a sua deusa imaginária.

---

[29] *Escola Apostólica de Interpretação Profética*, pelo Dr. Maitland, em que se mostra que a crença de que Roma é a Babilônia predita do Apocalipse, tem sido a fé da Igreja Cristã em todas as épocas.

[30] Apocalipse 18.4.

O progresso da verdade é sempre vagaroso, ao passo que o erro se propaga, em geral, com rapidez. A razão é óbvia: o erro é abraçado por aqueles que não exigem provas, ao passo que os amigos da verdade, até hoje uma pequena minoria da humanidade, formam as suas opiniões somente depois de um exame minucioso.

Falemos de outro segredo do poder do Romanismo. Asseveramos que uma mentira, por mais repetida que seja, nunca poderá tornar-se verdade; porém é fato, embora lamentável, que a *constante repetição de uma mentira adquire, no nosso mundo ignorante a força de uma verdade*. Esta é a razão por que o Sistema romano tem tantos adeptos, apesar do seu afastamento flagrante do cristianismo primitivo e puro. Infelizmente, neste nosso mundo, no comércio, na arte, na religião, o artigo falsificado ou adulterado passa muitas vezes por genuíno e puro, somente pela asseveração constante.

CONCLUÍMOS COM DUAS OBSERVAÇÕES:

Primeira: se nos for perguntado *onde estava a nossa religião antes da Reforma*, respondamos que estava e está nas páginas do Novo Testamento, que estava e está gravada nos testemunhos constantes das lápides das catacumbas de Roma; que estava na alma dos verdadeiros cristãos, muitas vezes escondidos nas montanhas, para fugir das terríveis perseguições promovidas pelo "cristianismo" que substitui o CRISTIANISMO.

Segunda: se quisermos conhecer o cristianismo, aprendamo-lo da Bíblia. Qual de nós, tendo a possibilidade de beber a água pura e cristalina na nascente dum rio, irá mitigar a sua sede muito longe dessa nascente, depois de suas águas terem sido poluídas com as imundícias de grandes cidades? Estudemos esta fonte divina do cristianismo onde as suas características estão verdadeiramente delineadas, isto é, o Novo Testamento, páginas que registram as palavras e ações do Divino Fundador do cristianismo.

Ninguém seja tão insensato que condene o que é puro e santo (o Novo Testamento) só porque o falso cristianismo apresenta caricaturas da verdade. Ninguém se satisfaz recebendo uma joia de qualquer metal imitando ouro, pois o ouro, o seu valor é insubstituível. Os peritos não aceitam um quadro imitativo de uma obra de Rafael, ou de outro grande pintor. Eles declaram que não é original, que não tem valor.

Que se aceite a verdade, e a verdade só está contida na Bíblia, que é a Palavra de Deus.

Seja o nosso alvo aprender de Cristo e, "com a cara descoberta, refletindo, como um espelho, a glória do Senhor, somos transformados de glória em glória, na sua própria imagem, como pelo Espírito Santo".[31]

---
[31] 2 Coríntios 3.18